SE 07

Curso
MAD360

*La diferencia entre aprobar
y sacar plaza*

Auxiliar Administrativo/a

DIPUTACIÓN PROVINCIAL DE CÁDIZ

Si aún no dispones de tu **Curso MAD360**, te ofrecemos un acceso GRATIS de 30 días para que disfrutes de los siguientes recursos:

- Técnicas de Memoria 360.
- MADTEST: Test *online* Nivel PRO.
- Temario en formato digital.
- Vídeos.
- Esquemas.
- Planificación de estudio.
- Foro entre opositores hasta la fecha del examen.*
- Recursos y novedades exclusivas.
- Consúltanos sobre tu oposición y proceso selectivo.
- Actualizaciones legislativas (Boletines Oficiales) hasta 60 días antes de la fecha del examen.*

AF212450

Para acceder a esta prueba del Curso MAD360** será necesaria la compra de todos los libros para esta especialidad de la edición 2026.

Regístrate en **mad.es/iniciar-sesion** y, en la pestaña **MIS CURSOS**, valida los códigos que encontrarás en la última página de tus libros. Recuerda que dispones de un plazo de **45 días desde la fecha de compra** para realizar la validación. Si no verificas tu matrícula, el periodo de uso del curso comenzará a contar aunque no hayas accedido.

NOTA IMPORTANTE:

* Examen de esta categoría profesional correspondiente a la convocatoria publicada en el BOP de Cádiz núm. 28, de 11 de febrero de 2026, o hasta el 30 de abril de 2027, lo que se cumpla antes, y previa renovación del servicio.

** El acceso al CURSO MAD360 estará disponible desde abril de 2026 (algunos recursos podrían estar disponibles en fecha posterior). Tendrá una duración de 30 días RENOVABLES mediante pago, desde la validación de códigos, o hasta el 31 de octubre de 2027, lo que se cumpla antes.

MAD se reserva el derecho a ampliar dichas fechas.

Auxiliar Administrativo/a de la Diputación Provincial de Cádiz

Marzo, 2026

Auxiliar Administrativo/a de la Diputación Provincial de Cádiz

Test del temario

Autores

FRANCISCO JESÚS TORRES FONSECA
Licenciado en Derecho

LIDIA PONCE MARTÍNEZ
Licenciada en Psicología

MIGUEL ÁNGEL NAVAS DUEÑAS
Ingeniero Superior en Telecomunicaciones
Profesor de Informática de Ciclos Formativos de Grado Medio y Bachillerato

SERGIO JIMENO MOLINS
Ingeniero Superior en Telecomunicaciones
Profesor de Educación Secundaria Obligatoria y Bachillerato

© 7 Editores Recursos para la Cualificación Profesional y el Empleo, S.L. (7 Editores)
© Los autores
Primera edición, marzo 2026 (150 páginas)
Derechos de edición reservados a favor de 7 Editores
IMPRESO EN ESPAÑA
Diseño Portada: 7 Editores
Edita: 7 Editores
Avda. San Francisco Javier, 9 · Edificio Sevilla 2 · Planta 11 · Módulos 25-27 · 41018 Sevilla
Teléfono: 954 784 411 · WEB: www.mad.es · e-mail: administracion@7editores.com
ISBN: 979-13-702-8668-2
© "Editorial Mad" y "Eduforma" son nombres comerciales registrados de
7 Editores Recursos para la Cualificación Profesional y el Empleo, S.L.

Índice

A) MATERIAS COMUNES

Test n.º 1. La Constitución Española de 1978. Principios generales, características y estructura. Los derechos y deberes fundamentales: garantía y suspensión 13

Test n.º 2. La Corona. El Poder Legislativo. El Poder Ejecutivo. El Poder Judicial. El Gobierno y la Administración del Estado 19

Test n.º 3. La Administración Pública en el ordenamiento jurídico español. Tipología de los entes públicos. Las Administraciones del Estado, Autonómica y Local 23

Test n.º 4. El Estatuto de Autonomía para Andalucía: estructura y disposiciones generales. Competencias de la Comunidad Autónoma de Andalucía 29

Test n.º 5. El Régimen Local Español. Principios constitucionales y regulación jurídica. Organización y competencias municipales 33

Test n.º 6. La Provincia. Organización: órganos necesarios y complementarios de las Diputaciones Provinciales. Sistema de elección de los/las Diputados/as y del/la Presidente/a 37

Test n.º 7. El Municipio. Organización Municipal. Competencias. Autonomía Municipal 43

Test n.º 8. Los derechos de los ciudadanos ante la Administración Pública. Consideración especial del interesado. Colaboración y participación de los ciudadanos en la Administración 47

Test n.º 9. Ley Prevención de Riesgos Laborales. Definiciones. Derecho a la protección frente a los riesgos laborales. Principios de la acción preventiva 53

Test n.º 10. Conceptualización básica. Discriminación y relaciones desiguales: concepto y tipos de discriminación. Igualdad de oportunidades: principios de igualdad. Planes de igualdad. Breve referencia al Plan Estratégico de Igualdad de Oportunidades entre mujeres y hombres de la Diputación Provincial de Cádiz 59

B) MATERIAS ESPECÍFICAS

Test n.º 1. El personal al servicio de las Administraciones Públicas: los empleados públicos. Retribuciones del personal 65

Test n.º 2. Los funcionarios públicos: situaciones administrativas. La responsabilidad y el procedimiento disciplinario. Derechos colectivos de los funcionarios... 71

Test n.º 3. El Procedimiento Administrativo Común. El Registro General de entrada y salida de documentos. Días y horas hábiles. Cómputo de plazos. Requisitos en la presentación de documentos 77

Test n.º 4. Fases del procedimiento administrativo: iniciación, ordenación, instrucción y finalización. Derechos de los ciudadanos en el procedimiento . 83

Test n.º 5. El acto administrativo: concepto, clases y elementos. Su motivación y notificación. Eficacia y validez de los actos administrativos 89

Test n.º 6. Los recursos administrativos. La revisión de oficio de los actos administrativos. El recurso contencioso-administrativo.................................... 97

Test n.º 7. Funcionamiento de los órganos colegiados locales. Convocatoria y orden del día. Actas y certificaciones de acuerdos... 103

Test n.º 8. Los contratos administrativos en la esfera local. Especial referencia a la selección del contratista.. 109

Test n.º 9. Las haciendas locales. Clasificación de ingresos. Las ordenanzas fiscales: procedimiento de elaboración y aprobación. Régimen jurídico del gasto público local. Control y fiscalización del gasto........................... 115

Test n.º 10. Los bienes de las entidades locales: concepto. Clases. Bienes de dominio público. Bienes patrimoniales 121

Test n.º 11. El interesado: concepto, representación, pluralidad de interesados y nuevos interesados en el procedimiento. Identificación y firma. Sistema de identificación de los interesados y sistemas de firma admitidos por las Administraciones Públicas; el uso de medios de identificación y firma, asistencia en el uso de medios electrónicos a los interesados. Derechos de las personas en sus relaciones con las AA.PP., derecho y obligación de relacionarse electrónicamente 127

Test n.º 12. El archivo. Concepto. Tipos de archivos. Organización del archivo. Normas de acceso a los archivos. El proceso de archivo. El archivo de los documentos administrativos 133

Test n.º 13. La protección de datos personales y garantía de los derechos digitales. Regulación legal. Principios de protección de datos. Derechos de las personas. Disposiciones aplicables a tratamientos concretos. Responsable y encargado del tratamiento. Garantía de los derechos digitales 139

Test n.º 14. Sistemas ofimáticos. Procesadores de Texto. Hojas de cálculo: principales funciones y utilidades. Libros, hojas y celdas. Otras aplicaciones ofimáticas. Redes de comunicaciones e internet. El correo electrónico: conceptos elementales y funcionamiento 145

A) MATERIAS COMUNES

TEST N.º 1

La Constitución Española de 1978. Principios generales, características y estructura. Los derechos y deberes fundamentales: garantía y suspensión

1. El artículo 10 de la Constitución Española contempla:

a) Que la dignidad de la persona es fundamento del orden político y de la paz social.
b) El primero de los derechos fundamentales contenidos en la misma.
c) La prohibición de lesión a la persona física.
d) La interpretación de la Declaración Universal de Derechos Humanos conforme a la Constitución Española.

2. ¿Cuál de los siguientes no se especifica en el artículo 10.1 como fundamento del orden político y la paz social?

a) La dignidad de la persona.
b) Los derechos inviolables de la persona.
c) La seguridad jurídica.
d) El libre desarrollo de la personalidad.

3. En relación con la dignidad de la persona:

a) En realidad, la Constitución solamente la reconoce a la persona en tanto que ciudadana.
b) Puede verse alterada, jurídicamente hablando, atendiendo a la situación en que la persona se encuentre.
c) No admite grados.
d) Es renunciable y disponible.

4. El artículo 10 de la Constitución Española:

a) No reconoce el valor de los Tratados Internacionales, dándole el máximo y único valor a la Constitución.
b) Dispone que los tratados y acuerdos ratificados por España sirven de parámetro interpretativo de los derechos y libertades establecidos en la Constitución.

c) Reconoce únicamente validez, en relación con los derechos humanos, a la Declaración Universal de Derechos Humanos.

d) Establece que los Tratados Internacionales ratificados por España se situarán en una posición superior en la jerarquía normativa respecto de la Constitución.

5. De la Constitución se desprende que:

a) Los derechos y libertades establecidos en Tratados internacionales no tienen valor.

b) Los derechos y libertades establecidos en Tratados internacionales tienen rango constitucional.

c) Los derechos y libertades establecidos en Tratados internacionales tienen rango constitucional únicamente en la medida en que también estén reconocidos en la Constitución Española.

d) Los derechos reconocidos en Tratados internacionales tienen eficacia directa, por este hecho, en los tribunales españoles, aunque no hayan estado ratificados por el Estado español.

6. En relación con la nacionalidad española:

a) La Constitución establece que solamente se puede adquirir por nacimiento.

b) Se adquiere únicamente por nacimiento, no obstante, un extranjero puede optar a la residencia.

c) Se puede adquirir.

d) Nunca se puede perder.

7. En base a la Constitución Española:

a) Un español nunca puede perder su nacionalidad.

b) Ningún español de origen podrá ser privado de su nacionalidad.

c) La nacionalidad siempre se conserva.

d) No se admite la doble nacionalidad de un español.

8. En relación con la doble nacionalidad:

a) La Constitución Española no la permite.

b) El Estado puede concertar tratados de doble nacionalidad con los países iberoamericanos o con aquellos que hayan tenido o tengan una particular vinculación con España.

c) Solamente se puede reconocer en relación con la nacionalidad de otros países europeos.

d) Solamente se puede reconocer en relación con antiguos países que formaban parte de la Corona española.

9. ¿Cuál de las siguientes afirmaciones es falsa?

a) No es la primera vez que una Constitución Española regula aspectos relacionados con la nacionalidad.

b) La Constitución Española no es la única a nivel mundial que contiene regulación respecto de la nacionalidad de los ciudadanos del Estado.

c) En la Constitución se desarrollan las formas de adquisición, conservación y pérdida de la nacionalidad española, dada su importancia.

d) La nacionalidad es una cualidad jurídica de la persona.

10. En base al artículo 12 de la Constitución Española:

a) Los españoles se pueden emancipar a los dieciocho años.

b) Los españoles se pueden emancipar a los dieciséis años.

c) Los españoles son mayores de edad a los dieciocho años.

d) Los españoles son mayores de edad a los veintiún años.

11. Indica la respuesta incorrecta:

a) Que la Constitución establezca cuál es la edad de obtención de la mayoría de edad no implica que, por causa justificada, la ley pueda establecer otras edades para ejercer algunos derechos y obligaciones.

b) Que la Constitución establezca cuál es la edad de obtención de la mayoría de edad no implica la imposibilidad de emanciparse.

c) La Constitución equipara la minoría de edad con la incapacidad.

d) La Constitución vincula, en términos generales, la mayoría de edad a la adquisición de la plena capacidad de obrar.

12. No ser mayor de edad implica:

a) Que no puedes votar en las elecciones.

b) Que no puedes contraer matrimonio.

c) Que no puedes trabajar.

d) Que no puedes celebrar ningún tipo de contrato.

13. Atendiendo a lo dispuesto en el artículo 13 de la Constitución:

a) En todo caso, solamente los españoles están legitimados para participar en asuntos públicos.

b) Los extranjeros gozarán es España de los derechos fundamentales, pero no de las libertades públicas establecidas en la Constitución.

c) Los españoles son titulares del derecho de participación en los asuntos públicos, lo que puede extenderse, vía tratado o ley, a otros sujetos para el derecho de sufragio activo y pasivo en las elecciones municipales, siempre atendiendo a criterios de reciprocidad.

d) Solamente los españoles mayores de edad y con determinado nivel cultural pueden participar en asuntos públicos.

14. En relación con el derecho de asilo:

a) No se puede conceder a los refugiados, en ningún caso.

b) Por ley orgánica se establecerán los términos en que los ciudadanos de otros países podrán gozar de este derecho en España.

c) Por ley se establecerán los términos en que los ciudadanos de otros países y los apátridas podrán gozar de este derecho en España.

d) Por reglamento se establecerán los términos en que los apátridas podrán gozar de este derecho en España.

15. Indica la respuesta correcta en relación con la extradición:

a) La extradición solo se concederá en cumplimiento de un tratado o de la ley, atendido al principio de reciprocidad.

b) La extradición solo se concederá en cumplimiento de un tratado o de la ley, sin requerirse la reciprocidad.

c) También se puede conceder la extradición por delitos políticos.

d) No se puede extraditar por actos de terrorismo.

En MADTEST tienes **más preguntas de este tema**, y todos tus avances quedan registrados y se reflejan en el ranking.

¡Supera tus límites con MADTEST!

Solución al test n.º 1

1. a) Que la dignidad de la persona es fundamento del orden político y de la paz social.

2. c) La seguridad jurídica.

3. c) No admite grados.

4. b) Dispone que los tratados y acuerdos ratificados por España sirven de parámetro interpretativo de los derechos y libertades establecidos en la Constitución.

5. c) Los derechos y libertades establecidos en Tratados internacionales tienen rango constitucional únicamente en la medida en que también estén reconocidos en la Constitución Española.

6. c) Se puede adquirir.

7. b) Ningún español de origen podrá ser privado de su nacionalidad.

8. b) El Estado puede concertar tratados de doble nacionalidad con los países iberoamericanos o con aquellos que hayan tenido o tengan una particular vinculación con España.

9. c) En la Constitución se desarrollan las formas de adquisición, conservación y pérdida de la nacionalidad española, dada su importancia.

10. c) Los españoles son mayores de edad a los dieciocho años.

11. c) La Constitución equipara la minoría de edad con la incapacidad.

12. a) Que no puedes votar en las elecciones.

13. c) Los españoles son titulares del derecho de participación en los asuntos públicos, lo que puede extenderse, vía tratado o ley, a otros sujetos para el derecho de sufragio activo y pasivo en las elecciones municipales, siempre atendiendo a criterios de reciprocidad.

14. c) Por ley se establecerán los términos en que los ciudadanos de otros países y los apátridas podrán gozar de este derecho en España.

15. a) La extradición solo se concederá en cumplimiento de un tratado o de la ley, atendido al principio de reciprocidad.

TEST N.º 2

La Corona. El Poder Legislativo. El Poder Ejecutivo. El Poder Judicial. El Gobierno y la Administración del Estado

1. Establece la Constitución Española que el Rey:

a) Es el Presidente del Estado.
b) Es el primer Ministro del Estado.
c) Es el Jefe del Estado.
d) Es el Presidente de la Nación.

2. Establece el artículo 56.2 de la Constitución Española que el título del Rey es el de:

a) Príncipe de las Españas.
b) Rey de las Españas.
c) Rey de España.
d) Corona de España.

3. El Rey de España:

a) Solamente puede utilizar el título de Rey.
b) Solamente puede utilizar el título de Rey y el de Príncipe.
c) Solamente podrá utilizar aquellos títulos de la Corona que el Congreso determine.
d) Podrá utilizar todos los títulos que correspondan a la Corona.

4. El Rey:

a) Arbitra pero no puede moderar el funcionamiento regular de las instituciones.
b) Asume la más alta representación del Estado español siempre y en todo caso.
c) Es símbolo de la unidad y permanencia del Estado español.
d) No puede asumir representación del Estado a nivel internacional.

5. Establece el artículo 56.3 de la Constitución que la persona del Rey:

a) Es inviolable y no está sujeta a responsabilidad.
b) Es inviolable pero está sujeta a responsabilidad.

c) Ni es inviolable ni está sujeta a responsabilidad.
d) Puede llevar a cabo habitualmente actos sin refrendo alguno.

6. En relación con el refrendo de actos:

a) Nunca deben ir refrendados los actos del Rey.
b) La Constitución Española establece que siempre deben ir refrendados, pero en la práctica no pasa nada si no es así.
c) La Constitución Española establece que siempre deben ir refrendados, bajo pena de invalidez en todo caso.
d) La Constitución Española establece que siempre deben ir refrendados, bajo pena de invalidez, excepto en determinados casos.

7. El artículo 56 de la Constitución:

a) Es el primer artículo de la parte orgánica de la misma.
b) Es el primer artículo de la parte dogmática de la misma.
c) Es el primer artículo de la Constitución Española.
d) Es el último artículo de la Constitución Española.

8. En términos generales, ¿cuántas funciones atribuye el artículo 56 al Rey de España?

a) Una.
b) Dos.
c) Tres.
d) Cuatro.

9. ¿Qué privilegios del Rey se recogen en el artículo 56 de la Constitución?

a) La irresponsabilidad y la inviolabilidad.
b) La inviolabilidad y la desconexión.
c) La riqueza y la irresponsabilidad.
d) La responsabilidad y la inviolabilidad.

10. La idea de permanencia establecida en al artículo 56 de la Constitución Española, alude a que:

a) El Rey siempre va a ser inamovible, no hay opción.
b) Los Reyes suelen vivir mucho tiempo en España.
c) El título de Rey es hereditario.
d) No tiene ningún significado relevante.

11. Parte de la función de árbitro y mediador del Rey se desarrolla a través de:

a) La Pascua Militar.
b) La propuesta, el nombramiento y el cese del Presidente del Gobierno.

c) El discurso de Navidad.
d) Las vacaciones en Mallorca.

12. El artículo 56.3 de la Constitución establece que:

a) El Rey no puede ser demandado ante la jurisdicción ordinaria.
b) La Familia Real no puede ser demandada civilmente.
c) La Familia Real no puede ser denunciado.
d) Ningún miembro de la Casa Real puede ser denunciado o demandado.

13. En relación con los actos del Rey:

a) Todos deben ser refrendados por Ministros, siempre y en todo caso.
b) Solamente deben ser refrendados cuando así lo pida el Rey.
c) Solamente deben ser refrendados cuando así lo pida el presidente del Gobierno.
d) Deben ser refrendados, excepto los relativos al nombramiento y cese de los miembros civiles y militares de la Casa Real.

14. Atendiendo a lo que dispone la Constitución:

a) Doña Elena debería ser la heredera al trono, ya que es la primogénita del Rey Juan Carlos.
b) En relación con la sucesión en el trono, es preferida la línea posterior a las anteriores.
c) En relación con la sucesión del trono, es preferida en la misma línea el varón a la mujer.
d) En relación con la sucesión del trono, es preferida en el mismo grado el varón a la mujer.

15. De acuerdo con la Constitución Española, si el primogénito del Rey es una niña y el segundo hijo un niño:

a) Le va a suceder en todo caso la niña.
b) Desde el reinado de Felipe VI, va a suceder la niña.
c) Le va a suceder el niño, por el mero hecho de ser varón.
d) El Rey va a decidir quién le debe suceder.

Solución al test n.º 2

1. c) Es el Jefe del Estado.

2. c) Rey de España.

3. d) Podrá utilizar todos los títulos que correspondan a la Corona.

4. c) Es símbolo de la unidad y permanencia del Estado español.

5. a) Es inviolable y no está sujeta a responsabilidad.

6. d) La Constitución Española establece que siempre deben ir refrendados, bajo pena de invalidez, excepto en determinados casos.

7. a) Es el primer artículo de la parte orgánica de la misma.

8. c) Tres.

9. a) La irresponsabilidad y la inviolabilidad.

10. c) El título de Rey es hereditario.

11. b) La propuesta, el nombramiento y el cese del Presidente del Gobierno.

12. a) El Rey no puede ser demandado ante la jurisdicción ordinaria.

13. d) Deben ser refrendados, excepto los relativos al nombramiento y cese de los miembros civiles y militares de la Casa Real.

14. d) En relación con la sucesión del trono, es preferida en el mismo grado el varón a la mujer.

15. c) Le va a suceder el niño, por el mero hecho de ser varón.

TEST N.º 3

La Administración Pública en el ordenamiento jurídico español. Tipología de los entes públicos. Las Administraciones del Estado, Autonómica y Local

1. El Estado se organiza territorialmente en:

a) Municipios, comarcas y en las provincias que se constituyan.
b) Distritos, cabildos, comarcas, provincias y en las Comunidades Autónomas que se constituyan.
c) Municipios, provincias y en las Comunidades Autónomas que se constituyan.
d) Ciudades, provincias, comarcas y Comunidades Autónomas.

2. El Estado, velando por el establecimiento de un equilibrio económico, adecuado y justo, entre las diversas partes del territorio español, y atendiendo en particular a las circunstancias del hecho insular, garantiza la realización efectiva del principio de:

a) Igualdad.
b) Legalidad.
c) Solidaridad.
d) Justicia universal.

3. La Constitución garantiza expresamente en su artículo 140 la autonomía de:

a) Los municipios.
b) Las regiones.
c) Las comarcas.
d) Los territorios.

4. A tenor de la Constitución Española de 1978, ¿a quién corresponde el gobierno y administración de los municipios?

a) A sus respectivos Ayuntamientos, integrados por los Alcaldes y los Concejales.
b) A sus respectivos Ayuntamientos, integrados por los Alcaldes, Juntas de Gobierno Local y Concejales.

c) A sus Ayuntamientos, Concejales y vecinos.
d) A sus respectivos Alcaldes, Concejales y vecinos.

5. ¿Cómo serán elegidos los Concejales según dispone la Constitución Española?

a) Por el Alcalde o por los vecinos en la forma establecida en la ley.
b) Directamente por el Alcalde del municipio en la forma establecida en la ley.
c) Por los vecinos del municipio en la forma establecida por la ley.
d) Por el Alcalde con el respaldo de los vecinos.

6. ¿Cómo dispone la Constitución Española que serán elegidos los Alcaldes?

a) Siempre por los Concejales.
b) Únicamente por los vecinos mediante un sufragio universal, igual, libre, directo y secreto.
c) Por los Concejales o por los vecinos.
d) Por los Concejales mediante Acuerdo expreso.

7. La Constitución Española señala que cualquier alteración de los límites provinciales:

a) Habrá de ser aprobada por las Cortes Generales mediante ley orgánica.
b) Habrá de ser aprobada por el Congreso por mayoría absoluta.
c) Habrá de ser aprobada por el Gobierno en el plazo de 30 días desde la presentación de la propuesta.
d) Habrá de ser aprobada por el Congreso de los Diputados mediante ley orgánica.

8. El artículo 142 CE establece que las Haciendas Locales deberán disponer de los medios suficientes para el desempeño de las funciones que la ley atribuye a las Corporaciones respectivas y se nutrirán fundamentalmente de:

a) Tributos propios y de participación en los de las Comunidades Autónomas.
b) La participación en los tributos del Estado y de las Comunidades Autónomas.
c) Tributos propios y de participación en los del Estado y de las Comunidades Autónomas.
d) Tributos propios y de participación en los del Estado, de las Comunidades Autónomas y de las Diputaciones Provinciales.

9. ¿A quién corresponde la iniciativa del proceso autonómico según dispone la Constitución Española en el artículo 143.2?

a) Al órgano interinsular correspondiente.
b) A las Diputaciones interesadas cuando lo soliciten expresamente las dos terceras partes de sus miembros.
c) A las tres quintas partes de los municipios cuya población represente, al menos, la mayoría del censo electoral de cada provincia o isla.
d) A las tres cuartas partes de los municipios cuya población represente, al menos, la mayoría del censo electoral de cada provincia o isla y a todas las Diputaciones interesadas.

10. ¿En qué plazo deberán ser cumplidos los requisitos de iniciativa del proceso autonómico según lo dispuesto en el artículo 143.2 CE?

a) En el plazo de nueve meses desde el primer acuerdo adoptado al respecto por alguna de las Corporaciones locales interesadas.

b) En el plazo de seis meses desde el primer acuerdo adoptado al respecto por alguna de las Corporaciones locales interesadas.

c) En el plazo de tres meses desde el primer acuerdo adoptado al respecto por alguna de las Corporaciones locales interesadas.

d) En el plazo de tres meses desde el último acuerdo adoptado al respecto por alguna de las Corporaciones locales interesadas.

11. ¿En qué caso contempla la Carta Magna, en el Título VIII, Capítulo III, que será posible la federación de Comunidades Autónomas?

a) Cuando así se apruebe por la mayoría absoluta de ambas Cámaras.

b) Cuando se apruebe por mayoría de las Cortes Generales y sea aprobado en referéndum.

c) Cuando cuente con la aprobación del Congreso de los Diputados y sea ratificado en referéndum.

d) En ningún caso.

12. ¿Quiénes elaborarán, según dispone la Constitución Española, el proyecto de Estatuto de Autonomía?

a) Una asamblea compuesta por los miembros de la Diputación u órgano interinsular de las provincias afectadas.

b) Una asamblea compuesta por los miembros de la Diputación u órgano interinsular de las provincias afectadas y por los Diputados y Senadores elegidos en ellas.

c) Una asamblea compuesta por los Diputados y Senadores elegidos en ellas.

d) Una asamblea compuesta por los miembros de la Diputación de las provincias afectadas y por los Senadores elegidos en ellas.

13. ¿A quién elevará la asamblea encargada de elaborar el proyecto de Estatuto de Autonomía el mismo para su tramitación como ley?

a) Al Rey.

b) Al Presidente del Gobierno.

c) A las Cortes Generales.

d) Al Consejo de Ministros.

14. Las competencias exclusivas del Estado se recogen en la Constitución en el artículo:

a) 151.

b) 150.

c) 149.

d) 148.

15. ¿A quién corresponde el control de la actividad de los órganos de las Comunidades Autónomas, en lo relativo a la administración autónoma y sus normas reglamentarias?

a) Al Gobierno, previo dictamen del Consejo de Estado.

b) Al Tribunal Constitucional.

c) Al Tribunal de Cuentas.

d) A la jurisdicción contencioso administrativa.

En MADTEST tienes **más preguntas de este tema**, y todos tus avances quedan registrados y se reflejan en el ranking.

¡Supera tus límites con MADTEST!

Solución al test n.º 3

1. c) Municipios, provincias y en las Comunidades Autónomas que se constituyan.

2. c) Solidaridad.

3. a) Los municipios.

4. a) A sus respectivos Ayuntamientos, integrados por los Alcaldes y los Concejales.

5. c) Por los vecinos del municipio en la forma establecida por la ley.

6. c) Por los Concejales o por los vecinos.

7. a) Habrá de ser aprobada por las Cortes Generales mediante ley orgánica.

8. c) Tributos propios y de participación en los del Estado y de las Comunidades Autónomas.

9. a) Al órgano interinsular correspondiente.

10. b) En el plazo de seis meses desde el primer acuerdo adoptado al respecto por alguna de las Corporaciones locales interesadas.

11. d) En ningún caso.

12. b) Una asamblea compuesta por los miembros de la Diputación u órgano interinsular de las provincias afectadas y por los Diputados y Senadores elegidos en ellas.

13. c) A las Cortes Generales.

14. c) 149.

15. d) A la jurisdicción contencioso administrativa.

TEST N.º 4

El Estatuto de Autonomía para Andalucía: estructura y disposiciones generales. Competencias de la Comunidad Autónoma de Andalucía

1. Sobre los derechos sociales, deberes y políticas públicas trata el siguiente Título de nuestro Estatuto de Autonomía:

a) Preliminar.
b) Primero.
c) Tercero.
d) Quinto.

2. La sede de la capital de Andalucía se determina por el:

a) Parlamento de Andalucía.
b) Consejo de Gobierno de la Junta de Andalucía.
c) Propio Estatuto de Autonomía.
d) Presidente de la Junta de Andalucía.

3. Gozan de la condición política de andaluces los ciudadanos españoles que:

a) Hayan nacido en Andalucía.
b) Tengan vecindad administrativa en cualquiera de sus Municipios.
c) Reúnan necesariamente las dos condiciones anteriores.
d) Todos los anteriores y los que tengan ascendientes andaluces.

4. Según el artículo 1 del Estatuto de Autonomía, Andalucía es un/una:

a) Nación.
b) Región nacionalizada.
c) Estado dentro del conjunto del Estado español.
d) Nacionalidad histórica.

5. Respecto a los criterios básicos del Régimen Local, la Junta tiene competencia:

a) Exclusiva.
b) Compartida con el Estado.
c) Concurrente con el Estado.
d) De ningún tipo.

6. En materia de aguas, respecto a la planificación y gestión hidrológica de aprovechamientos hidráulicos intercomunitarios, la Junta de Andalucía tiene competencia:

a) De ejecución de la legislación estatal.
b) Exclusiva.
c) De participación en las mismas.
d) De ningún tipo.

7. En materia de expropiación forzosa, la Junta de Andalucía tiene competencia:

a) Exclusiva.
b) De ningún tipo.
c) Ejecutiva.
d) Compartida.

8. La planificación de la actividad económica andaluza es competencia:

a) Exclusiva de la Junta de Andalucía.
b) Exclusiva de acuerdo con las bases y la ordenación de la actuación económica general.
c) Ejecutiva.
d) Delegada.

9. Respecto de las decisiones sobre inversiones en bienes y equipamientos culturales de titularidad estatal en Andalucía, la Junta de Andalucía:

a) Tiene competencia exclusiva en cuanto a su iniciativa.
b) Ejecuta las mismas.
c) No tiene competencia alguna.
d) Participará en las mismas.

10. La política de suelo y vivienda es competencia de la Junta de Andalucía:

a) Exclusiva.
b) Compartida.
c) De transferencia.
d) Delegada.

11. La Junta de Andalucía tiene competencia exclusiva en materia de:

a) Establecimiento de planes de estudio, incluida la ordenación curricular.
b) Productos farmacéuticos.
c) Caza.
d) Derecho de reversión en las expropiaciones urbanísticas.

12. La Junta de Andalucía tiene competencia de ejecución de la legislación estatal en materia de:

a) Seguridad privada.
b) Planificación de la actividad económica.
c) Agricultura y ganadería.
d) Las respuestas a) y b) son correctas.

13. Tiene la Junta de Andalucía competencia compartida en materia de:

a) Aprovechamientos agroforestales.
b) Denominaciones de calidad.
c) Planificación del sector pesquero.
d) En todo lo anterior tiene dicho tipo de competencia.

14. La participación por la Junta de Andalucía en los procesos de designación de miembros de los organismos económicos y sociales del Estado de carácter económico y social, en los términos que establezcan la Constitución y la legislación estatal aplicable, se atribuye originariamente al:

a) Presidente de la Junta de Andalucía.
b) Consejo de Gobierno de la Junta de Andalucía.
c) Consejero de la Junta de Andalucía a cuyo ámbito de competencias afecte la actuación del organismo de que se trate.
d) Parlamento de Andalucía.

15. Respecto a la organización y estructura de sus Organismos Autónomos, la Junta de Andalucía tiene competencia:

a) Exclusiva.
b) De ejecución sólo.
c) De desarrollo legislativo y ejecución.
d) Transferida por el Estado.

En MADTEST tienes **más preguntas de este tema**, y todos tus avances quedan registrados y se reflejan en el ranking.

¡Supera tus límites con MADTEST!

Solución al test n.º 4

1. b) Primero.

2. c) Propio Estatuto de Autonomía.

3. b) Tengan vecindad administrativa en cualquiera de sus Municipios.

4. d) Nacionalidad histórica.

5. d) De ningún tipo.

6. c) De participación en las mismas.

7. c) Ejecutiva.

8. b) Exclusiva de acuerdo con las bases y la ordenación de la actuación económica general.

9. d) Participará en las mismas.

10. a) Exclusiva.

11. c) Caza.

12. a) Seguridad privada.

13. c) Planificación del sector pesquero.

14. d) Parlamento de Andalucía.

15. a) Exclusiva.

TEST N.º 5

El Régimen Local Español. Principios constitucionales y regulación jurídica. Organización y competencias municipales

1. La Administración Local se define como:

a) El conjunto de órganos territoriales del Estado con personalidad jurídica propia.
b) El sector de la Administración Pública integrado por Entes Públicos menores de carácter territorial.
c) La Administración descentralizada del Estado con competencias exclusivas.
d) El conjunto de instituciones autonómicas con potestad normativa.

2. Las potestades de las Entidades Locales tienen carácter:

a) Originario, por su autonomía constitucional.
b) Derivado, al ser entes creados o reconocidos por el Estado.
c) Exclusivo, frente a otras Administraciones.
d) Limitado únicamente a funciones administrativas.

3. La Administración Local se diferencia de la del Estado porque está integrada por:

a) Órganos administrativos.
b) Entes con personalidad jurídica propia.
c) Delegaciones territoriales.
d) Unidades funcionales descentralizadas.

4. El elemento esencial de las Entidades Locales territoriales es:

a) La población.
b) La organización política.
c) El territorio.
d) La capacidad normativa.

5. En la cúspide de la regulación jurídica del régimen local se encuentra:

a) La LRL.
b) El TR-LHL.
c) La Constitución.
d) Las leyes autonómicas.

6. ¿Cuál NO es uno de los tres principios fundamentales del régimen local?

a) Autonomía.
b) Suficiencia financiera.
c) Jerarquía administrativa.
d) Carácter democrático.

7. La provincia es:

a) Un órgano administrativo del Estado.
b) Una entidad local sin personalidad jurídica.
c) Una entidad local con personalidad jurídica propia.
d) Una agrupación voluntaria de municipios.

8. Las Haciendas Locales se nutren fundamentalmente de:

a) Subvenciones estatales exclusivamente.
b) Tributos propios y participación en tributos del Estado y CCAA.
c) Ingresos patrimoniales exclusivamente.
d) Transferencias europeas.

9. Dentro de la Administración Pública, la Administración Autonómica se integra en:

a) La Administración Directa.
b) La Administración Central.
c) La Administración Indirecta.
d) La Administración Periférica.

10. La Ley Reguladora de las Bases del Régimen Local:

a) Solo reconoce entidades territoriales.
b) Excluye entidades sin base territorial.
c) Reconoce también entidades sin carácter territorial determinante.
d) Limita las entidades locales a municipios.

11. La alteración de los límites provinciales requiere:

a) Decreto del Gobierno.
b) Ley ordinaria.

c) Referéndum autonómico.
d) Ley orgánica aprobada por las Cortes Generales.

12. Los Concejales son elegidos mediante:

a) Sufragio universal, igual, libre, directo y secreto.
b) Sufragio indirecto.
c) Designación por el Alcalde.
d) Sufragio censitario.

13. La Administración Local está integrada por:

a) Órganos.
b) Organismos
c) Entes.
d) Entidades Institucionales.

14. ¿En qué año se aprobó el vigente Reglamento de Organización, Funcionamiento y Régimen Jurídico de las Entidades Locales?

a) 1991.
b) 1982.
c) 1998.
d) 1986.

15. En materia de contratación, es aplicable al Régimen Local:

a) Real Decreto Legislativo 3/2011, de 14 de noviembre, por el que se aprueba el texto refundido de la Ley de Contratos del Sector Público.
b) La Ley 8/2018, de 4 de abril, de Contratos del Sector Público.
c) La Ley 9/2017, de 8 de noviembre, de Contratos del Sector Público.
d) Real Decreto Legislativo 5/2009, de 25 de marzo, por el que se aprueba el texto refundido de la Ley de Contratos del Sector Público.

En MADTEST tienes **más preguntas de este tema**, y todos tus avances quedan registrados y se reflejan en el ranking.

¡Supera tus límites con MADTEST!

Solución al test n.º 5

1. b) El sector de la Administración Pública integrado por Entes Públicos menores de carácter territorial.

2. b) Derivado, al ser entes creados o reconocidos por el Estado.

3. b) Entes con personalidad jurídica propia.

4. c) El territorio.

5. c) La Constitución.

6. c) Jerarquía administrativa.

7. c) Una entidad local con personalidad jurídica propia.

8. b) Tributos propios y participación en tributos del Estado y CCAA.

9. c) La Administración Indirecta.

10. c) Reconoce también entidades sin carácter territorial determinante.

11. d) Ley orgánica aprobada por las Cortes Generales.

12. a) Sufragio universal, igual, libre, directo y secreto.

13. c) Entes.

14. d) 1986.

15. c) La Ley 9/2017, de 8 de noviembre, de Contratos del Sector Público.

TEST N.º 6

La Provincia. Organización: órganos necesarios y complementarios de las Diputaciones Provinciales. Sistema de elección de los/las Diputados/as y del/la Presidente/a

1. El Presidente de la Diputación deberá jurar o prometer el cargo:

a) Ante la Subdelegación del Gobierno.
b) Ante la Delegación del Gobierno.
c) Ante el Pleno de la misma.
d) Ante el Consejo de Diputaciones.

2. El mandato del Presidente de la Diputación será:

a) Por cinco años, pero puede ser destituido de su cargo mediante moción de censura o por la pérdida de una cuestión de confianza.
b) Por seis años, pero puede ser destituido de su cargo mediante moción de censura o por la pérdida de una cuestión de confianza.
c) Por cuatro años, pero puede ser destituido de su cargo mediante moción de censura o por la pérdida de una cuestión de confianza.
d) Por cuatro años, pero puede ser destituido de su cargo por votación de la mitad de los diputados provinciales.

3. No es una atribución del Presidente de la Diputación:

a) El planteamiento de conflictos de competencias a otras Entidades locales y demás Administraciones Públicas.
b) El ejercicio de las acciones judiciales y administrativas y la defensa de la Diputación en las materias de su competencia.
c) Representar a la Diputación.
d) Aprobar las bases de las pruebas para la selección del personal.

4. Corresponde al Presidente de la Diputación:

a) El ejercicio de las acciones judiciales y administrativas y la defensa en cualquier materia.
b) El despido del personal laboral.

c) La organización de la Diputación.
d) Ninguna respuesta es correcta.

5. El Presidente de la Diputación puede delegar el ejercicio de sus atribuciones, salvo:

a) El despido del personal laboral.
b) Concertar operaciones de crédito.
c) Aprobar la oferta de empleo público.
d) Las respuestas a) y b) son correctas.

6. Si una provincia tiene entre 500.001 a 1.000.000 residentes le corresponderá el siguiente número de Diputados:

a) 51.
b) 27.
c) 25.
d) 31.

7. Los Diputados se repartirán entre los Partidos Judiciales de la correspondiente Provincia, mediante el sistema de:

a) Asignar a cada Partido Judicial dos Diputados y distribuir los restantes proporcionalmente a la población de los mismos.
b) Asignar a cada Partido Judicial un Diputado y distribuir los restantes proporcionalmente a la población de los mismos.
c) Asignar a cada Partido Judicial diez Diputados y distribuir los restantes proporcionalmente a la población de los mismos.
d) Asignar a cada Partido Judicial dos Diputados y distribuir los restantes por el sistema de D'Hondt.

8. No corresponde al Pleno de la Diputación:

a) La aprobación de la plantilla de personal y la relación de puestos de trabajo.
b) La aprobación de los planes de carácter provincial.
c) Distribuir las retribuciones complementarias que no sean fijas y periódicas.
d) La declaración de lesividad de los actos de la Diputación.

9. Es una atribución de la Junta de Gobierno de la Diputación:

a) La asistencia al Pleno en el ejercicio de sus atribuciones.
b) La asistencia a las Comisiones Informativas en el ejercicio de sus atribuciones.
c) La asistencia al Presidente en el ejercicio de sus atribuciones.
d) Las atribuciones que el Pleno le delegue.

10. ¿Se puede perder la condición de Vicepresidente de la Diputación?

a) En ningún caso.

b) Sí, por renuncia expresa manifestada por escrito y por pérdida de la condición de miembro de la Junta de Gobierno.

c) Sí, por renuncia expresa manifestada oralmente y por pérdida de la condición de miembro de la Junta de Gobierno.

d) Sí, por renuncia expresa y por pérdida de la condición de miembro del Pleno.

11. Las Comisiones Informativas de las Diputaciones Provinciales:

a) Tienen por función el estudio, informe o resolución de los asuntos que hayan de ser sometidos a la decisión del Pleno.

b) Tienen por función el estudio, informe o consulta de los asuntos que hayan de ser sometidos a la decisión del Pleno.

c) Pueden ser generales y extinguirse automáticamente una vez que hayan dictaminado o informado sobre el asunto que constituye su objeto.

d) Pueden ser permanentes y se constituyen con carácter especial.

12. En relación con la Comisión Especial de Cuentas de la Diputación:

a) Le corresponde el examen y estudio e informe de todas las cuentas, presupuestarias y extrapresupuestarias, que deba aprobar el Pleno de la Corporación.

b) Su constitución, composición e integración y funcionamiento se ajusta a lo señalado para las demás Comisiones Informativas.

c) Le corresponde canalizar la participación de los ciudadanos y de sus asociaciones en materia de cuentas.

d) Las respuestas a) y b) son correctas.

13. La creación, composición, organización, ámbito de actuación y funcionamiento de los Consejos Sectoriales de las Diputaciones:

a) Serán establecidos en el correspondiente acuerdo plenario.

b) Serán establecidos en la correspondiente Resolución del Presidente.

c) Serán establecidos en el correspondiente acuerdo de la Junta de Gobierno.

d) Ninguna respuesta es correcta.

14. Los conflictos de atribuciones que surjan entre órganos y Entidades dependientes de una misma Corporación Local se resolverán:

a) No existen conflictos de atribuciones sino conflictos de jurisdicciones.

b) Los conflictos de atribuciones los resuelve el Estado.

c) Por el Pleno, cuando se trate de conflictos que afecten a órganos colegiados o miembros de estos.

d) No es posible que existan conflictos de atribuciones entre entidades dependientes de una misma Corporación.

15. ¿Podrán las Comunidades Autónomas crear una organización provincial complementaria a la prevista en la Ley de Bases de Régimen Local?

a) Sí.

b) En los casos que establezca el Reglamento Orgánico de la Diputación.

c) Solo en los supuestos establecidos en la ley.

d) Previa autorización de la Administración Estatal.

En MADTEST tienes **más preguntas de este tema**, y todos tus avances quedan registrados y se reflejan en el ranking.

¡Supera tus límites con MADTEST!

Solución al test n.º 6

1. c) Ante el Pleno de la misma.

2. c) Por cuatro años, pero puede ser destituido de su cargo mediante moción de censura o por la pérdida de una cuestión de confianza.

3. a) El planteamiento de conflictos de competencias a otras Entidades locales y demás Administraciones Públicas.

4. b) El despido del personal laboral.

5. d) Las respuestas a) y b) son correctas.

6. b) 27.

7. b) Asignar a cada Partido Judicial un Diputado y distribuir los restantes proporcionalmente a la población de los mismos.

8. c) Distribuir las retribuciones complementarias que no sean fijas y periódicas.

9. c) La asistencia al Presidente en el ejercicio de sus atribuciones.

10. b) Sí, por renuncia expresa manifestada por escrito y por pérdida de la condición de miembro de la Junta de Gobierno.

11. b) Tienen por función el estudio, informe o consulta de los asuntos que hayan de ser sometidos a la decisión del Pleno.

12. d) Las respuestas a) y b) son correctas.

13. a) Serán establecidos en el correspondiente acuerdo plenario.

14. c) Por el Pleno, cuando se trate de conflictos que afecten a órganos colegiados o miembros de estos.

15. a) Sí.

El Municipio. Organización Municipal. Competencias. Autonomía Municipal

1. Funcionan en régimen de Concejo Abierto:

a) Los municipios de menos de 200 habitantes.
b) Los municipios de menos de 300 habitantes.
c) Los municipios de menos de 500 habitantes.
d) Los municipios que tradicional y voluntariamente cuenten con ese singular régimen de gobierno y administración.

2. La organización municipal responde a las siguientes reglas:

a) El Alcalde, los Tenientes de Alcalde y el Pleno existen en todos los Ayuntamientos.
b) El Alcalde, la Junta de Gobierno y el Pleno existen en todos los Ayuntamientos.
c) El Alcalde y el Pleno existen en todos los Ayuntamientos.
d) El Alcalde y la Junta de Gobierno existen en todos los Ayuntamientos.

3. La Comisión Especial de Cuentas:

a) Existe en todos los municipios.
b) Existe en los municipios en que así se acuerde.
c) Existe en los municipios de más de 1000 habitantes.
d) Ninguna de las respuestas es correcta.

4. De acuerdo con la Ley Orgánica de Régimen Electoral será proclamado alcalde electo:

a) El Concejal que haya obtenido la mayoría simple de los votos de los concejales.
b) El Concejal que encabece la lista que haya obtenido mayor número de votos populares.
c) El Concejal que haya obtenido la mayoría absoluta de los votos de los concejales.
d) El Concejal que haya ganado el sorteo.

5. Los alcaldes tendrán tratamiento de:

a) Ilustrísima en los municipios de Madrid y Barcelona.

b) Excelencia en los municipios que sean capitales de provincia.

c) Señoría en los municipios que no sean capitales de provincia ni las ciudades de Madrid y Barcelona.

d) Ilustrísima en todos los municipios.

6. La cuestión de confianza a la que podrá ser sometido el Alcalde se puede vincular a:

a) La aprobación o modificación de los Presupuestos anuales.

b) La aprobación o modificación del Reglamento Orgánico.

c) La aprobación o modificación de las Ordenanzas Fiscales.

d) Todas las respuestas son verdaderas.

7. No es una atribución del Alcalde:

a) Aprobar la oferta de empleo público.

b) La aprobación del reglamento orgánico y de las ordenanzas.

c) Dictar Bandos.

d) Ejercer la jefatura de la Policía Municipal.

8. Es una atribución del Pleno del Ayuntamiento:

a) La alteración de la calificación jurídica de los bienes de dominio público.

b) La aprobación inicial de las leyes.

c) Desempeñar la jefatura superior de todo el personal.

d) Ordenar la publicación, ejecución y hacer cumplir los acuerdos del Ayuntamiento.

9. La Junta de Gobierno Local se integra por el Alcalde y un número de Concejales:

a) No superior al tercio del número legal de los mismos.

b) No superior a la mitad del número legal de los mismos.

c) No superior a dos tercios del número legal de los mismos.

d) Ninguna de las respuestas es correcta.

10. El régimen peculiar para los Municipios de gran población será aplicable:

a) A los municipios que sean capitales autonómicas.

b) A los municipios cuya población supere los 50.000 habitantes.

c) A los municipios cuya población supere los 150.000 habitantes.

d) Las respuestas a) y b) son correctas.

11. En los municipios de gran población corresponde a la Junta de Gobierno:

a) La aprobación y modificación de las ordenanzas y reglamentos municipales.
b) La aprobación del proyecto de presupuesto.
c) Los acuerdos relativos a la participación en organizaciones supramunicipales.
d) Dictar bandos, decretos e instrucciones.

12. En los municipios de gran población tendrán la consideración de órganos directivos:

a) El Alcalde.
b) El titular de la asesoría jurídica.
c) Los miembros de la Junta de Gobierno Local.
d) Las respuestas a) y c) son correctas.

13. En los municipios de gran población para la defensa de los derechos de los vecinos ante la Administración municipal el Pleno creará:

a) Un órgano de gestión económico-financiera.
b) Una Comisión especial de Sugerencias y Reclamaciones.
c) Un órgano para la resolución de las reclamaciones económico-administrativas.
d) Un órgano de gestión tributaria.

14. En los municipios de gran población el dictamen sobre los proyectos de ordenanzas fiscales corresponderá a:

a) Un órgano de gestión económico-financiera.
b) Una Comisión especial de Sugerencias y Reclamaciones.
c) Un órgano para la resolución de las reclamaciones económico-administrativas.
d) Un órgano de gestión tributaria.

15. El Municipio no ejercerá como competencia propia:

a) Tráfico, estacionamiento de vehículos y movilidad.
b) Abastecimiento de agua potable a domicilio.
c) Administración de Justicia.
d) Cementerios y actividades funerarias.

En MADTEST tienes **más preguntas de este tema**, y todos tus avances quedan registrados y se reflejan en el ranking.

¡Supera tus límites con MADTEST!

Solución al test n.º 7

1. d) Los municipios que tradicional y voluntariamente cuenten con ese singular régimen de gobierno y administración.

2. a) El Alcalde, los Tenientes de Alcalde y el Pleno existen en todos los Ayuntamientos.

3. a) Existe en todos los municipios.

4. c) El Concejal que haya obtenido la mayoría absoluta de los votos de los concejales.

5. c) Señoría en los municipios que no sean capitales de provincia ni las ciudades de Madrid y Barcelona.

6. d) Todas las respuestas son verdaderas.

7. b) La aprobación del reglamento orgánico y de las ordenanzas.

8. a) La alteración de la calificación jurídica de los bienes de dominio público.

9. a) No superior al tercio del número legal de los mismos.

10. a) A los municipios que sean capitales autonómicas.

11. b) La aprobación del proyecto de presupuesto.

12. b) El titular de la asesoría jurídica.

13. b) Una Comisión especial de Sugerencias y Reclamaciones.

14. c) Un órgano para la resolución de las reclamaciones económico-administrativas.

15. c) Administración de Justicia.

TEST N.º 8

Los derechos de los ciudadanos ante la Administración Pública. Consideración especial del interesado. Colaboración y participación de los ciudadanos en la Administración

1. ¿A qué capacidad se refiere el art. 3 de la Ley 39/2015, de 1 de diciembre, en relación con las personas físicas?

a) A la capacidad jurídica.
b) A la capacidad para ser titular de derechos subjetivos.
c) A la capacidad para ser titular de deberes jurídicos.
d) A la capacidad de obrar.

2. Los menores de edad, ¿tienen capacidad de obrar ante las Administraciones Públicas?

a) Sí, en todo caso, para el ejercicio y defensa de aquellos de sus derechos e intereses cuya actuación esté permitida por el ordenamiento jurídico sin la asistencia de la persona que ejerza la patria potestad, tutela o curatela.
b) No, en ningún caso; únicamente tendrán capacidad de obrar ante las Administraciones Públicas, las personas físicas mayores de edad no incapacitadas.
c) Sí, para el ejercicio y defensa de aquellos de sus derechos e intereses cuya actuación esté permitida por el ordenamiento jurídico sin la asistencia de la persona que ejerza la patria potestad, tutela o curatela, aunque sean menores incapacitados, siempre que la extensión de la incapacitación no afecte al ejercicio y defensa de los derechos o intereses de que se trate.
d) Sí, excepto los menores incapacitados.

3. Excepto el supuesto previsto por el artículo 3.b) de la Ley 39/2015, de 1 de octubre, los menores de edad no tienen capacidad de obrar ante las Administraciones Públicas, y necesitan de la asistencia de la persona que ejerza la patria potestad, tutela o curatela. En relación con la patria potestad, señala cuál de los siguientes enunciados es incorrecto:

a) La patria potestad, como responsabilidad parental, se ejercerá siempre en interés de los hijos, de acuerdo con su personalidad, y con respeto a sus derechos, su integridad física y mental.
b) El ejercicio de la patria potestad comprende representar a sus hijos y administrar sus bienes.

c) Los hijos emancipados están bajo la patria potestad de los progenitores.

d) Si los hijos tuvieren suficiente madurez deberán ser oídos siempre antes de adoptar decisiones que les afecten.

4. ¿Quiénes de los siguientes están sujetos a tutela?

a) Los menores emancipados que estén bajo la patria potestad.

b) Los menores no emancipados que no estén bajo la patria potestad.

c) Los menores emancipados que no estén bajo la patria potestad.

d) Los hijos no emancipados.

5. ¿Cuál de las siguientes características se vincula con la institución de la curatela del menor a que hace referencia el art. 3.b) de la Ley 39/2015, de 1 de octubre?

a) El curador no cuida de la persona sujeta a curatela, sino de su patrimonio.

b) La función del curador es la de complementar la capacidad del menor en todos aquellos actos o negocios jurídicos que no puede realizar por sí mismo.

c) El curador tiene cura de la persona sujeta a curatela, pero no de su patrimonio.

d) El curador tiene cura de la persona sujeta a curatela y de su patrimonio.

6. Los patrimonios independientes o autónomos, ¿tienen capacidad de obrar ante las Administraciones Públicas?

a) Sí.

b) No.

c) Siempre que la ley así lo declare expresamente.

d) Los patrimonios independientes o autónomos tienen reconocida capacidad jurídica ante las Administraciones Públicas en aplicación del artículo 3 de la Ley 39/2015, de 1 de octubre.

7. Tendrán capacidad de obrar ante las Administraciones Públicas las personas jurídicas que ostenten capacidad de obrar con arreglo a las normas civiles. ¿En qué momento adquirirán esta capacidad?

a) Desde el instante mismo en que, con arreglo a derecho, hubiesen quedado válidamente constituidas.

b) Las personas jurídicas adquirirán su capacidad de obrar en los mismos términos que las personas físicas.

c) En el momento en que finalice su personalidad.

d) Las personas jurídicas no tienen capacidad de obrar ante las Administraciones Públicas sino capacidad jurídica.

8. En aplicación del art. 3 de la Ley 39/2015, de 1 de octubre, NO tendrán capacidad de obrar ante las Administraciones Públicas:

a) Las personas físicas incapacitadas.

b) Las personas jurídicas que ostenten capacidad de obrar con arreglo a las normas civiles.

c) Los menores de edad para el ejercicio y defensa de aquellos de sus derechos e intereses cuya actuación esté permitida por el ordenamiento jurídico sin la asistencia de la persona que ejerza la patria potestad, tutela o curatela.

d) Las asociaciones de interés público reconocidas por la ley.

9. ¿Una persona declarada pródiga tiene capacidad de obrar plena ante las Administraciones Públicas?

a) Sí; las personas físicas tienen capacidad de obrar ante las Administraciones Públicas.

b) No; puede estar sujeta a tutela.

c) No; puede estar sujeta a curatela.

d) No; está sujeta a la patria potestad de sus progenitores.

10. La Ley 40/2015, de 1 de octubre, de régimen jurídico del sector público, ¿establece alguna regulación sobre la capacidad de obrar de los interesados ante las Administraciones Públicas?

a) Sí, en su artículo 3.

b) Sí, en tanto la Ley 40/2015, de 1 de octubre, tiene por objeto regular el procedimiento administrativo común a todas las Administraciones Públicas.

c) No, en tanto la Ley 40/2015, de 1 de octubre, únicamente tiene por objeto regular los principios a los que se ha de ajustar el ejercicio de la iniciativa legislativa y la potestad reglamentaria.

d) No.

11. En un procedimiento de expropiación forzosa, una persona reclama para sí la titularidad de una parcela que no está a su nombre; ¿tendrá la consideración de persona interesada en el procedimiento administrativo?

a) Sí, en aplicación del artículo 4.1.a) de la Ley 39/2015, de 1 de octubre.

b) Sí, en aplicación del artículo 4.1.b) de la Ley 39/2015, de 1 de octubre.

c) Sí, en aplicación del artículo 4.1.c) de la Ley 39/2015, de 1 de octubre.

d) No, en tanto el procedimiento lo ha promovido la Administración y no la persona interesada.

12. En un procedimiento de expropiación forzosa, el titular de un bien inmueble objeto de expropiación, ¿tendrá la consideración de interesado en el procedimiento administrativo?

a) Sí, en aplicación del artículo 4.1.a) de la Ley 39/2015, de 1 de octubre.

b) Sí, en aplicación del artículo 4.1.b) de la Ley 39/2015, de 1 de octubre.

c) Sí, en aplicación del artículo 4.1.c) de la Ley 39/2015, de 1 de octubre.

d) Sí, en aplicación del artículo 4.2 de la Ley 39/2015, de 1 de octubre.

13. ¿Qué interés se reconocería a los Colegios Profesionales para intervenir en el procedimiento de homologación de títulos obtenidos en el extranjero?

a) Interés legítimo individual de cada uno de los profesionales que integran los Colegios Profesionales.

b) Derechos subjetivos de los poseedores de los títulos que van a ser objeto de homologación.

c) Intereses legítimos colectivos.

d) Intereses sociales.

14. La titular de un establecimiento de restauración en Benidorm, quiere solicitar al Ayuntamiento una autorización para proceder a la ocupación de un espacio de uso público con mesas, sillas y sombrillas para su negocio. ¿Tendrá la consideración de interesada en el procedimiento administrativo de autorización?

a) Sí, en aplicación del artículo 4.1.a) de la Ley 39/2015, de 1 de octubre.

b) Sí, en aplicación del artículo 4.1.b) de la Ley 39/2015, de 1 de octubre.

c) Sí, en aplicación del artículo 4.1.c) de la Ley 39/2015, de 1 de octubre.

d) Sí, en aplicación del artículo 4.2 de la Ley 39/2015, de 1 de octubre.

15. La titular de un establecimiento de restauración en Benidorm, quiere solicitar al Ayuntamiento una autorización para proceder a la ocupación de un espacio de uso público con mesas, sillas y sombrillas para su negocio y fallece antes de que el Ayuntamiento le conceda la correspondiente autorización de ocupación, ¿puede su hijo sucederla en la condición de interesado?

a) No, en tanto las autorizaciones de ocupación se conceden con carácter personal.

b) No, en tanto las autorizaciones de ocupación no pueden ser cedidas a terceros.

c) Sí, en tanto se trata de una relación jurídica transmisible.

d) Sí, como legítimo heredero.

En MADTEST tienes **más preguntas de este tema**, y todos tus avances quedan registrados y se reflejan en el ranking.

¡Supera tus límites con MADTEST!

Solución al test n.º 8

1. d) A la capacidad de obrar.

2. c) Sí, para el ejercicio y defensa de aquellos de sus derechos e intereses cuya actuación esté permitida por el ordenamiento jurídico sin la asistencia de la persona que ejerza la patria potestad, tutela o curatela, aunque sean menores incapacitados, siempre que la extensión de la incapacitación no afecte al ejercicio y defensa de los derechos o intereses de que se trate.

3. c) Los hijos emancipados están bajo la patria potestad de los progenitores.

4. b) Los menores no emancipados que no estén bajo la patria potestad.

5. b) La función del curador es la de complementar la capacidad del menor en todos aquellos actos o negocios jurídicos que no puede realizar por sí mismo.

6. c) Siempre que la ley así lo declare expresamente.

7. a) Desde el instante mismo en que, con arreglo a derecho, hubiesen quedado válidamente constituidas.

8. a) Las personas físicas incapacitadas.

9. c) No; puede estar sujeta a curatela.

10. d) No.

11. c) Sí, en aplicación del artículo 4.1.c) de la Ley 39/2015, de 1 de octubre.

12. b) Sí, en aplicación del artículo 4.1.b) de la Ley 39/2015, de 1 de octubre.

13. c) Intereses legítimos colectivos.

14. a) Sí, en aplicación del artículo 4.1.a) de la Ley 39/2015, de 1 de octubre.

15. c) Sí, en tanto se trata de una relación jurídica transmisible.

TEST N.º 9

Ley Prevención de Riesgos Laborales. Definiciones. Derecho a la protección frente a los riesgos laborales. Principios de la acción preventiva

1. El ámbito de aplicación de la regulación actual en materia de seguridad y salud en el trabajo:

a) Únicamente se aplica a las relaciones laborales reguladas por el Texto Refundido de la Ley del Estatuto de los Trabajadores.

b) Se aplica a las relaciones laborales reguladas por el Texto Refundido de la Ley del Estatuto de los Trabajadores, pero no a las relaciones de carácter administrativo o estatutario del personal civil al servicio de las Administraciones Públicas.

c) Se aplicará, sin particularidad alguna, en los centros y establecimientos militares, y en los establecimientos penitenciarios.

d) Se aplica a las relaciones laborales reguladas por el Texto Refundido de la Ley del Estatuto de los Trabajadores, así como a las relaciones de carácter administrativo o estatutario del personal civil al servicio de las Administraciones Públicas.

2. La normativa de riesgos laborales no será de aplicación:

a) A los fabricantes, importadores y suministradores, y trabajadores autónomos, sin perjuicio de sus obligaciones específicas.

b) A las sociedades cooperativas, en las que existan socios con prestación de su trabajo personal, con las peculiaridades derivadas de su normativa específica.

c) A los establecimientos penitenciarios.

d) A aquellas actividades cuyas particularidades lo impidan en el ámbito de las funciones públicas de policía, seguridad y resguardo aduanero.

3. La regulación actual tiene un ámbito de aplicación referido a:

a) Las relaciones laborales excluidas por el Texto Refundido de la Ley del Estatuto de los Trabajadores.

b) Las relaciones de carácter administrativo del personal civil al servicio de las Administraciones Públicas, pero no el personal estatutario.

c) Los fabricantes e importadores, pero no los suministradores.

d) Sin perjuicio de los derechos y obligaciones que puedan derivarse para los trabajadores autónomos, sin perjuicio de sus obligaciones específicas.

4. La relación laboral de carácter especial del servicio del hogar familiar:

a) Está expresamente excluida de la aplicación de la normativa de riesgos laborales.

b) Se adaptará a la Ley de Prevención de Riesgos Laborales en aquellas actividades cuyas características justifiquen una regulación especial.

c) Está expresamente incluida en el ámbito de aplicación de la Ley, a todos los efectos.

d) La Ley 31/1995 se limita a reconocer el derecho de estas personas trabajadoras a una protección eficaz en materia de seguridad y salud en el trabajo.

5. Según la Ley de Prevención de Riesgos Laborales, la posibilidad de que un trabajador sufra un determinado daño derivado del trabajo constituye:

a) Riesgo laboral.
b) Daño derivado del trabajo.
c) Prevención.
d) Condición de trabajo.

6. Si queremos calificar el riesgo en cuanto a su mayor o menor grado de gravedad, se ha de valorar:

a) La posibilidad de que el riesgo sea inminente.

b) La probabilidad de que se produzca el daño y la severidad del mismo (valoración conjunta).

c) La probabilidad de que el riesgo se convierta en daño, con independencia de que este sea o no muy severo.

d) Exclusivamente el coste económico de las consecuencias producidas cuando se materializa el daño.

7. Para la Ley de Prevención de Riesgos Laborales cualquier máquina, aparato, instrumento o instalación utilizada en el trabajo es:

a) Un equipo de protección individual.
b) Un medio de protección colectiva.
c) Un equipo de trabajo.
d) Un riesgo laboral grave o inminente.

8. Por "condición de trabajo" se entiende:

a) Las enfermedades, patologías o lesiones sufridas con motivo u ocasión del trabajo.

b) Los procesos, actividades, operaciones, equipos o productos "potencialmente peligrosos".

c) Cualquier característica del trabajo que pueda tener una influencia significativa en la generación de riesgos para la seguridad y salud del trabajador.

d) Cualquier máquina, aparato, instrumento o instalación utilizada en el trabajo.

9. ¿Cómo define la Ley 31/1995, de 8 de noviembre, a cualquier complemento o accesorio destinado a proteger al trabajador de uno o varios riesgos que puedan amenazar su seguridad o su salud en el trabajo?

a) Equipo de protección ante riesgos.
b) Equipo de protección individual.
c) Equipo individual de seguridad.
d) Equipo de seguridad laboral.

10. La posibilidad de que un trabajador sufra un determinado daño derivado del trabajo es definida por la Ley 31/1995, de 8 de noviembre, de Prevención de Riesgos Laborales, como:

a) Peligro laboral.
b) Exposición a accidentes.
c) Contingencia laboral.
d) Riesgo laboral.

11. Según el artículo 4 de la Ley 31/1995, de 8 de noviembre, de Prevención de Riesgos Laborales, ¿qué es definido como la posibilidad de que un trabajador sufra un determinado daño derivado del trabajo?

a) Riesgo laboral.
b) Prevención.
c) Daños derivados del trabajo.
d) Evaluación de riesgos.

12. ¿Cómo considera la Ley 31/1995, de 8 de noviembre, de Prevención de Riesgos Laborales, a las enfermedades, patologías o lesiones sufridas con motivo u ocasión del trabajo?

a) Daños derivados del trabajo.
b) Consecuencias derivadas del trabajo.
c) Daños colaterales laborales.
d) Riesgos derivados del trabajo.

13. La Ley 31/1995, de 8 de noviembre, de Prevención de Riesgos Laborales, define a cualquier máquina, aparato, instrumento o instalación utilizada en el trabajo, como:

a) Útiles de trabajo.
b) Equipo de trabajo.

c) Herramientas de trabajo.
d) Maquinaria de trabajo.

14. ¿Cómo define la Ley 31/1995, de 8 de noviembre, a cualquier equipo desti-nado a ser llevado o sujetado por el trabajador para que le proteja de uno o varios riesgos que puedan amenazar su seguridad o su salud en el trabajo?

a) Equipo de protección ante riesgos.
b) Equipo de protección individual.
c) Equipo individual de seguridad.
d) Equipo de seguridad laboral.

15. Se entenderá como riesgo laboral grave e inminente aquel que resulte:

a) Seguro racionalmente que se materialice en un futuro inmediato y pueda suponer un daño para la salud de los trabajadores.
b) Seguro racionalmente que se materialice en un futuro inmediato y pueda suponer un daño grave para la salud de los trabajadores.
c) Probable racionalmente que se materialice en un futuro inmediato y pueda supo-ner un daño grave para la salud de los trabajadores.
d) Probable racionalmente que se materialice en un futuro inmediato y pueda supo-ner un daño para la salud de los trabajadores.

Solución al test n.º 9

1. d) Se aplica a las relaciones laborales reguladas por el Texto Refundido de la Ley del Estatuto de los Trabajadores, así como a las relaciones de carácter administrativo o estatutario del personal civil al servicio de las Administraciones Públicas.

2. d) A aquellas actividades cuyas particularidades lo impidan en el ámbito de las funciones públicas de policía, seguridad y resguardo aduanero.

3. d) Sin perjuicio de los derechos y obligaciones que puedan derivarse para los trabajadores autónomos, sin perjuicio de sus obligaciones específicas.

4. d) La Ley 31/1995 se limita a reconocer el derecho de estas personas trabajadoras a una protección eficaz en materia de seguridad y salud en el trabajo.

5. a) Riesgo laboral.

6. b) La probabilidad de que se produzca el daño y la severidad del mismo (valoración conjunta).

7. c) Un equipo de trabajo.

8. c) Cualquier característica del trabajo que pueda tener una influencia significativa en la generación de riesgos para la seguridad y salud del trabajador.

9. b) Equipo de protección individual.

10. d) Riesgo laboral.

11. a) Riesgo laboral.

12. a) Daños derivados del trabajo.

13. b) Equipo de trabajo.

14. b) Equipo de protección individual.

15. c) Probable racionalmente que se materialice en un futuro inmediato y pueda suponer un daño grave para la salud de los trabajadores.

TEST N.º 10

Conceptualización básica. Discriminación y relaciones desiguales: concepto y tipos de discriminación. Igualdad de oportunidades: principios de igualdad. Planes de igualdad. Breve referencia al Plan Estratégico de Igualdad de Oportunidades entre mujeres y hombres de la Diputación Provincial de Cádiz

1. Según la definición recogida en la Ley 12/2007, existe discriminación directa por razón de sexo cuando:

a) Una persona es tratada de forma menos favorable que otra en situación comparable por razón de su sexo.
b) Una norma aparentemente neutra genera efectos desiguales sin justificación.
c) Se aplican medidas de acción positiva.
d) Se produce desigualdad estructural sin acto concreto.

2. Cualquier comportamiento realizado en función del sexo de una persona, con el propósito o efecto de atentar contra su dignidad y crear un entorno intimidatorio, degradante u ofensivo constituye:

a) Acoso sexual.
b) Acoso por razón de sexo.
c) Discriminación directa por razón de sexo.
d) Discriminación indirecta por razón de sexo.

3. Los actos y disposiciones que constituyan discriminación por razón de sexo se considerarán:

a) Válidos si existe consentimiento.
b) Anulables.
c) Irregulares.
d) Nulos de pleno derecho.

4. El principio de tutela administrativa efectiva en materia de igualdad implica que las Administraciones públicas deben:

a) Limitarse a promover campañas informativas.
b) Adoptar medidas para prevenir, corregir y restablecer el derecho vulnerado.

c) Delegar la protección en órganos judiciales.
d) Actuar solo cuando exista sanción firme.

5. El principio de transversalidad de género supone que la igualdad debe:

a) Aplicarse exclusivamente en el ámbito laboral.
b) Aplicarse únicamente mediante planes de igualdad.
c) Integrarse en todas las políticas públicas desde su diseño hasta su evaluación.
d) Limitarse a la actuación normativa.

6. El principio de igualdad de trato implica:

a) La igualdad exclusivamente en el empleo público.
b) La adopción obligatoria de medidas de acción positiva.
c) La eliminación de los estereotipos sociales.
d) La ausencia de discriminación directa o indirecta por razón de sexo.

7. Se definen como conjunto ordenado de medidas adoptadas tras un diagnóstico para alcanzar la igualdad entre mujeres y hombres:

a) Protocolos de actuación.
b) Acciones positivas.
c) Programas formativos.
d) Planes de igualdad.

8. El diagnóstico del plan de igualdad es necesario porque:

a) Permite imponer sanciones.
b) Permite conocer la situación real de la organización e identificar desigualdades.
c) Permite elaborar normas jurídicas.
d) Permite establecer retribuciones.

9. La discriminación múltiple en la que concurren varios factores simultáneamente se denomina:

a) Interseccionalidad.
b) Mainstreaming.
c) Acción positiva.
d) Corresponsabilidad.

10. La integración de la perspectiva de género en todas las políticas públicas se denomina:

a) Igualitarismo.
b) Homogeneización.
c) Coordinación administrativa.
d) Mainstreaming.

11. La segregación vertical en el empleo consiste en:

a) La menor presencia de mujeres en puestos de responsabilidad.
b) La diferencia salarial.
c) La concentración sectorial.
d) La discriminación directa.

12. El eje "Gobernanza provincial guiada por la igualdad" del Plan Estratégico de Cádiz tiene como finalidad principal:

a) Promover la igualdad económica exclusivamente.
b) Erradicar la violencia.
c) Promover la participación social.
d) Integrar la igualdad en el funcionamiento interno y políticas públicas.

13. El principio de corresponsabilidad implica:

a) La igualdad jurídica.
b) El reparto equilibrado de responsabilidades familiares y domésticas.
c) La igualdad salarial.
d) La igualdad educativa.

14. El empoderamiento de las mujeres consiste en:

a) La adopción de medidas sancionadoras.
b) La eliminación de la discriminación legal.
c) El proceso de adquisición de autonomía y capacidad de decisión.
d) La implantación de medidas económicas.

15. Las medidas de acción positiva se caracterizan por:

a) Ser permanentes.
b) Ser obligatorias en todos los ámbitos.
c) Ser sancionadoras.
d) Tener carácter temporal y corregir desigualdades reales.

En MADTEST tienes **más preguntas de este tema**, y todos tus avances quedan registrados y se reflejan en el ranking.

¡Supera tus límites con MADTEST!

Solución al test n.º 10

1. a) Una persona es tratada de forma menos favorable que otra en situación comparable por razón de su sexo.

2. b) Acoso por razón de sexo.

3. d) Nulos de pleno derecho.

4. b) Adoptar medidas para prevenir, corregir y restablecer el derecho vulnerado.

5. c) Integrarse en todas las políticas públicas desde su diseño hasta su evaluación.

6. d) La ausencia de discriminación directa o indirecta por razón de sexo.

7. d) Planes de igualdad.

8. b) Permite conocer la situación real de la organización e identificar desigualdades.

9. a) Interseccionalidad.

10. d) Mainstreaming.

11. a) La menor presencia de mujeres en puestos de responsabilidad.

12. d) Integrar la igualdad en el funcionamiento interno y políticas públicas.

13. b) El reparto equilibrado de responsabilidades familiares y domésticas.

14. c) El proceso de adquisición de autonomía y capacidad de decisión.

15. d) Tener carácter temporal y corregir desigualdades reales.

B) MATERIAS ESPECÍFICAS

TEST N.º 1

El personal al servicio de las Administraciones Públicas: los empleados públicos. Retribuciones del personal

1. Conforme al Texto Refundido de la Ley del Estatuto Básico del Empleado Público, el personal directivo profesional será designado atendiendo a los principios de:

a) Igualdad, mérito, capacidad y publicidad.
b) Igualdad y antigüedad.
c) Mérito y capacidad y a criterios de idoneidad.
d) Libre designación sin sujeción a criterios objetivos.

2. ¿Qué retribución complementaria está destinada a retribuir las condiciones particulares de algunos puestos de trabajo en atención a su especial dificultad técnica, dedicación, incompatibilidad, responsabilidad, peligrosidad o penosidad?

a) El complemento especial.
b) El complemento específico.
c) El complemento de productividad.
d) El complemento extraordinario.

3. Para el acceso a los cuerpos o escalas del Grupo B se exigirá estar en posesión del:

a) Título de Técnico Superior.
b) Título de Bachiller.
c) Título de Técnico.
d) Título universitario de Grado.

4. Según el Texto Refundido de la Ley del Estatuto Básico del Empleado Público, son funcionarios de carrera quienes:

a) Prestan servicios retribuidos exclusivamente en régimen laboral fijo.
b) Desempeñan funciones de confianza o asesoramiento especial.

c) En virtud de nombramiento legal, están vinculados a una Administración Pública por una relación estatutaria de carácter permanente.

d) Prestan servicios con carácter temporal por razones justificadas de necesidad y urgencia.

5. ¿Cómo se denomina al personal que, en virtud de nombramiento y con carácter no permanente, solo realiza funciones expresamente calificadas como de confianza o asesoramiento especial, siendo retribuido con cargo a los créditos presupuestarios consignados para este fin?

a) Personal Laboral.
b) Personal Eventual.
c) Funcionarios interinos.
d) Funcionarios de carrera.

6. Señala la respuesta incorrecta respecto al personal eventual:

a) Su nombramiento y cese serán libres.
b) La condición de personal eventual podrá constituir mérito para el acceso a la Función Pública.
c) Su cese tendrá lugar, en todo caso, cuando se produzca el de la autoridad a la que se preste la función de confianza o asesoramiento.
d) Le será aplicable, en lo que sea adecuado a la naturaleza de su condición, el régimen general de los funcionarios de carrera.

7. La selección de todo el personal, sea funcionario o laboral, debe realizarse de acuerdo con la Oferta de Empleo Público, mediante convocatoria pública y a través del sistema de Concurso, Oposición o Concurso-Oposición libres en los que garanticen, en todo caso, los principios constitucionales de:

a) Capacidad, mérito, objetividad y legalidad.
b) Publicidad, eficacia, eficiencia, mérito y capacidad.
c) Igualdad, mérito y capacidad, así como el de publicidad.
d) Legalidad, publicidad, transparencia, mérito y capacidad.

8. ¿A qué Subescala pertenecen los funcionarios que realicen tareas administrativas, normalmente de trámite y colaboración?

a) A la Subescala Técnica de Administración General.
b) A la Subescala de Gestión de Administración General.
c) A la Subescala Administrativa de Administración General.
d) A la Subescala Auxiliar de Administración General.

9. Según la clasificación establecida en el Texto Refundido de la Ley del Estatuto Básico del Empleado Público, el personal que realiza tareas de apoyo administrativo, mecanografía, archivo y despacho de correspondencia pertenece a:

a) La Subescala Técnica de Administración General.
b) La Subescala de Gestión de Administración General.
c) La Subescala Administrativa de Administración General.
d) La Subescala Auxiliar de Administración General.

10. ¿Qué complemento está destinado a retribuir el interés e iniciativa con que el funcionario desempeña su puesto de trabajo?

a) El complemento de productividad.
b) El complemento específico.
c) El complemento singular.
d) El complemento de dedicación especial.

11. ¿Cómo se denomina al personal que, en virtud de contrato de trabajo formalizado por escrito, en cualquiera de las modalidades de contratación de personal previstas en la legislación laboral, presta servicios retribuidos por las Administraciones Públicas?

a) Interino.
b) De carrera.
c) Eventual.
d) Laboral.

12. No se rigen por el Derecho Administrativo el/los:

a) Funcionarios.
b) Laborales.
c) Personal Eventual.
d) Interinos.

13. Los puestos de confianza o asesoramiento especial se suelen reservar al/a los:

a) Políticos.
b) Personal Eventual.
c) Personal Laboral.
d) Funcionarios.

14. Los interinos ocupan provisionalmente puestos que pueden ser desempeñados por:

a) Contratados temporales.
b) Personal eventual.

c) Funcionarios.
d) Personal Laboral.

15. La titulación exigible para ser funcionario del grupo B según el Real Decreto Legislativo 5/2015, de 30 de octubre, por el que se aprueba el texto refundido de la Ley del Estatuto Básico del Empleado Público, es:

a) Título de Bachiller o Técnico.
b) Título de Graduado en Educación Secundaria Obligatoria
c) Título de Técnico Superior.
d) Título de ESO.

En MADTEST tienes **más preguntas de este tema**, y todos tus avances quedan registrados y se reflejan en el ranking.

¡Supera tus límites con MADTEST!

Solución al test n.º 1

1 c) Mérito y capacidad y a criterios de idoneidad.

2. b) El complemento específico.

3. a) Título de Técnico Superior.

4. c) En virtud de nombramiento legal, están vinculados a una Administración Pública por una relación estatutaria de carácter permanente.

5. b) Personal Eventual.

6. b) La condición de personal eventual podrá constituir mérito para el acceso a la Función Pública.

7. c) Igualdad, mérito y capacidad, así como el de publicidad.

8. c) A la Subescala Administrativa de Administración General.

9. d) La Subescala Auxiliar de Administración General.

10. a) El complemento de productividad.

11. d) Laboral.

12. b) Laborales.

13. b) Personal Eventual.

14. c) Funcionarios.

15. c) Título de Técnico Superior.

TEST N.º 2

**Los funcionarios públicos: situaciones administrativas.
La responsabilidad y el procedimiento disciplinario.
Derechos colectivos de los funcionarios**

1. A tenor del artículo 95 TR-LEBEP, el incumplimiento por los funcionarios de las normas sobre incompatibilidades cuando ello dé lugar a una situación de incompatibilidad, podrá ser constitutivo de falta:

a) Muy grave.
b) Grave.
c) Menos grave.
d) Leve.

2. ¿Cuándo prescriben las sanciones impuestas por faltas leves?

a) A los dos años.
b) Al año.
c) A los seis meses.
d) Al mes.

3. ¿Cuándo prescriben las sanciones impuestas por faltas graves?

a) A los seis años.
b) A los cinco años.
c) A los tres años.
d) A los dos años.

4. ¿En qué situación administrativa se encontrarán los funcionarios de carrera cuando sean designados para formar parte del Consejo General del Poder Judicial?

a) Servicio activo.
b) Servicios especiales.
c) Servicio en otras Administraciones Públicas.
d) Excedencia por interés particular.

5. Los funcionarios de carrera podrán obtener la excedencia voluntaria por interés particular cuando hayan prestado servicios efectivos en cualquiera de las Administraciones Públicas durante un periodo mínimo de:

a) Diez años inmediatamente anteriores.
b) Cinco años inmediatamente anteriores.
c) Tres años inmediatamente anteriores.
d) Dos años inmediatamente anteriores.

6. Señala la respuesta incorrecta respecto de la excedencia de los funcionarios de carrera:

a) La concesión de excedencia voluntaria por interés particular quedará subordinada a las necesidades del servicio debidamente motivadas.
b) Quienes se encuentren en situación de excedencia voluntaria por agrupación familiar no devengarán retribuciones, ni les será computable el tiempo que permanezcan en tal situación a efectos de ascensos, trienios y derechos en el régimen de Seguridad Social que les sea de aplicación.
c) Los funcionarios de carrera tendrán derecho a un período de excedencia de duración no superior a tres años para atender al cuidado de cada hijo, tanto cuando lo sea por naturaleza como por adopción.
d) Las funcionarias víctimas de violencia de género durante los tres primeros meses tendrán derecho a la reserva del puesto de trabajo que desempeñaran, siendo computable dicho período a efectos de antigüedad, carrera y derechos del régimen de Seguridad Social que sea de aplicación.

7. ¿Durante cuánto tiempo se le reservará el puesto de trabajo a los funcionarios de carrera en excedencia por cuidado de familiares?

a) Como máximo cinco años.
b) Al menos, durante tres años.
c) Al menos, durante dos años.
d) Un año, en todo caso.

8. Conforme al Texto Refundido de la Ley del Estatuto Básico del Empleado Público, los funcionarios en situación de excedencia voluntaria por interés particular:

a) Tendrán derecho a la reserva de su puesto de trabajo durante los dos primeros años.
b) Devengarán retribuciones básicas, pero no complementarias.
c) Tendrán derecho al cómputo de ese tiempo a efectos de antigüedad.
d) No devengarán retribuciones ni les será computable el tiempo permanecido en dicha situación a efectos de ascensos, trienios y derechos en el régimen de Seguridad Social.

9. Conforme al Texto Refundido de la Ley del Estatuto Básico del Empleado Público, los funcionarios declarados en situación de servicios especiales:

a) Percibirán exclusivamente las retribuciones del puesto de origen.
b) Perderán la condición de funcionario de carrera.
c) Tendrán derecho, al menos, a la reserva de su puesto de trabajo y al cómputo del tiempo a efectos de antigüedad, carrera y derechos pasivos.
d) No podrán participar en procesos de promoción interna.

10. El incumplimiento de la obligación de atender los servicios esenciales en caso de huelga es constitutivo de:

a) Falta muy grave.
b) Falta grave.
c) Falta leve.
d) Un derecho.

11. El abandono del servicio da lugar a:

a) Sanción pecuniaria.
b) Falta muy grave.
c) Falta grave.
d) Falta leve.

12. Por su parte, el acoso laboral se tipifica como:

a) Falta muy grave.
b) Falta grave.
c) Falta leve.
d) No está tipificada.

13. La suspensión firme de funciones no puede ser superior a:

a) Tres meses.
b) Tres años.
c) Un año.
d) Seis años.

14. La prescripción de las faltas graves se produce a los:

a) Seis meses.
b) Dos meses.
c) Seis años.
d) Dos años.

15. El funcionario que sea elegido miembro del Parlamento Europeo quedará en situación de:

a) Servicio activo.
b) Excedencia forzosa.
c) Servicios especiales.
d) Suspensión.

En MADTEST tienes **más preguntas de este tema**, y todos tus avances quedan registrados y se reflejan en el ranking.

¡Supera tus límites con MADTEST!

Solución al test n.º 2

1. a) Muy grave.

2. b) Al año.

3. d) A los dos años.

4. b) Servicios especiales.

5. b) Cinco años inmediatamente anteriores.

6. d) Las funcionarias víctimas de violencia de género durante los tres primeros meses tendrán derecho a la reserva del puesto de trabajo que desempeñaran, siendo computable dicho período a efectos de antigüedad, carrera y derechos del régimen de Seguridad Social que sea de aplicación.

7. c) Al menos, durante dos años.

8. d) No devengarán retribuciones ni les será computable el tiempo permanecido en dicha situación a efectos de ascensos, trienios y derechos en el régimen de Seguridad Social.

9. c) Tendrán derecho, al menos, a la reserva de su puesto de trabajo y al cómputo del tiempo a efectos de antigüedad, carrera y derechos pasivos.

10. a) Falta muy grave.

11. b) Falta muy grave.

12. a) Falta muy grave.

13. d) Seis años.

14. d) Dos años.

15. c) Servicios especiales.

TEST N.º 3

El Procedimiento Administrativo Común. El Registro General de entrada y salida de documentos. Días y horas hábiles. Cómputo de plazos. Requisitos en la presentación de documentos

1. ¿Cuál es la actual Ley del Procedimiento Administrativo Común de las Administraciones Públicas?

a) La Ley 30/1992, de 26 de noviembre.
b) La Ley 35/2005, de 4 de octubre.
c) La Ley 39/2015, de 1 de octubre.
d) La Ley 1/2015, de 8 de septiembre.

2. ¿Cómo se denominan los procedimientos que tienden a la realización material de una decisión anterior ya definitiva, como, por ejemplo, el procedimiento de apremio?

a) Procedimientos ejecutivos.
b) Procedimientos declarativos.
c) Procedimientos de simple gestión.
d) Procedimientos de materialización o sustanciación.

3. ¿Cómo se denomina el conjunto ordenado de documentos y actuaciones que sirven de antecedente y fundamento a la resolución administrativa, así como las diligencias encaminadas a ejecutarla?

a) Dosier administrativo.
b) Acto administrativo.
c) Expediente administrativo.
d) Procedimiento administrativo.

4. Señala la respuesta correcta respecto al cómputo de plazos:

a) Salvo que por ley o en el Derecho de la Unión Europea se disponga otro cómputo, cuando los plazos se señalen por horas, se entiende que estas son naturales.
b) Siempre que por ley o en el Derecho de la Unión Europea no se exprese otro cómputo, cuando los plazos se señalen por días, se entiende que estos son naturales, incluyéndose en el cómputo los sábados, los domingos y los declarados festivos.

c) Los plazos expresados en días se contarán desde el mismo día en que tenga lugar la notificación o publicación del acto de que se trate, o desde el siguiente a aquel en que se produzca la estimación o la desestimación por silencio administrativo.

d) Cuando un día fuese hábil en el municipio o Comunidad Autónoma en que residiese el interesado, e inhábil en la sede del órgano administrativo, o a la inversa, se considerará inhábil en todo caso.

5. Señala la respuesta incorrecta respecto al cómputo de los plazos:

a) Cuando los plazos se hayan señalado por días naturales por declararlo así una ley o por el Derecho de la Unión Europea, se hará constar esta circunstancia en las correspondientes notificaciones.

b) Cuando el último día del plazo sea inhábil, se entenderá prorrogado al primer día hábil siguiente.

c) Los plazos expresados por horas se contarán de hora en hora y de minuto en minuto desde la hora y minuto en que tenga lugar la notificación o publicación del acto de que se trate y no podrán tener una duración superior a veinticuatro horas, en cuyo caso se expresarán en días.

d) La declaración de un día como hábil o inhábil a efectos de cómputo de plazos determina por sí sola el funcionamiento de los centros de trabajo de las Administraciones Públicas, la organización del tiempo de trabajo así como el régimen de jornada y horarios de las mismas.

6. El registro electrónico permite la presentación de documentos:

a) De lunes a viernes de 8 a 15 horas.
b) De lunes a viernes de 8 a 21 horas.
c) Todos los días del año de 8 a 21 horas.
d) Todos los días del año durante las veinticuatro horas.

7. ¿En qué caso podrá ser objeto de ampliación un plazo ya vencido?

a) En los procedimientos tramitados por las misiones diplomáticas y oficinas consulares.
b) En aquellos que, sustanciándose en el interior, exijan cumplimentar algún trámite en el extranjero o en los que intervengan interesados residentes fuera de España.
c) Siempre que así lo considere oportuno, y lo fundamente, el Instructor del procedimiento.
d) En ningún caso.

8. Cuando razones de interés público lo aconsejen, se podrá acordar, de oficio o a petición del interesado, la aplicación al procedimiento de la tramitación de urgencia, por la cual se reducirán a la mitad los plazos establecidos para el procedimiento ordinario, salvo:

a) Los relativos a la presentación de solicitudes.
b) Los relativos a la presentación de recursos.

c) Las respuestas a) y b) son correctas.

d) Ninguna respuesta es correcta.

9. ¿Qué recurso cabe contra el acuerdo que declare la aplicación de la tramitación de urgencia al procedimiento?

a) Recurso de alzada.

b) Recurso extraordinario de revisión.

c) Recurso de reposición, en el plazo de un mes.

d) Ningún recurso.

10. El Registro General permanecerá abierto al público:

a) Todos los días naturales.

b) Todos los días hábiles.

c) Todos los días incluidos los fines de semana.

d) Los días alternos.

11. En el Registro de Salida se anotarán:

a) Los oficios y notificaciones, certificaciones, expedientes o resoluciones.

b) Los apuntes contables.

c) Las órdenes y comunicaciones.

d) Las respuestas a) y c) son correctas.

12. Si el documento presentado a Registro no reuniera los datos exigidos por la legislación reguladora del procedimiento administrativo común:

a) Se concederá un plazo de tres días para su subsanación.

b) Se invitará al interesado a que retire el documento.

c) Se apercibirá al interesado.

d) Se concederá un plazo de diez días para su subsanación.

13. El Registro General de una Entidad debe abrirse:

a) Todos los días.

b) Solo los hábiles.

c) Durante toda la jornada laboral.

d) Durante esta jornada, permaneciendo el resto del tiempo un retén.

14. Los Libros del Registro General de un Ayuntamiento pueden salir de la Corporación:

a) Cuando lo decrete el Alcalde y por resolución judicial.

b) Con autorización del Secretario General.

c) Para su custodia.
d) En ningún caso.

15. Respecto de estos Libros se pueden expedir:

a) Certificaciones.
b) Notificaciones.
c) Asientos.
d) Oficios.

En MADTEST tienes **más preguntas de este tema**, y todos tus avances quedan registrados y se reflejan en el ranking.

¡Supera tus límites con MADTEST!

Solución al test n.º 3

1. c) La Ley 39/2015, de 1 de octubre.

2. a) Procedimientos ejecutivos.

3. c) Expediente administrativo.

4. d) Cuando un día fuese hábil en el municipio o Comunidad Autónoma en que residiese el interesado, e inhábil en la sede del órgano administrativo, o a la inversa, se considerará inhábil en todo caso.

5. d) La declaración de un día como hábil o inhábil a efectos de cómputo de plazos determina por sí sola el funcionamiento de los centros de trabajo de las Administraciones Públicas, la organización del tiempo de trabajo así como el régimen de jornada y horarios de las mismas.

6. d) Todos los días del año durante las veinticuatro horas.

7. d) En ningún caso.

8. c) Las respuestas a) y b) son correctas.

9. d) Ningún recurso.

10. b) Todos los días hábiles.

11. d) Las respuestas a) y c) son correctas.

12. d) Se concederá un plazo de diez días para su subsanación.

13. b) Solo los hábiles.

14. d) En ningún caso.

15. a) Certificaciones.

TEST N.º 4

Fases del procedimiento administrativo: iniciación, ordenación, instrucción y finalización. Derechos de los ciudadanos en el procedimiento

1. Los que tuvieren la condición de interesados en un procedimiento administrativo, podrán conocer del estado de la tramitación del mismo:

a) En el trámite de audiencia.
b) En el trámite de información pública.
c) En cualquier momento
d) Solo cuando lo permita el instructor del procedimiento.

2. Las medidas provisionales adoptadas antes de la iniciación del procedimiento administrativo, deberán ser confirmadas, modificadas o levantadas en el acuerdo de iniciación del procedimiento, que deberá efectuarse:

a) Dentro de los quince días siguientes a su adopción, pudiendo ser recurrido.
b) Dentro de los veinte días siguientes a su adopción, pudiendo de ser recurrido.
c) Dentro de los diez días siguientes a su adopción, sin posibilidad de ser recurrido.
d) Dentro de los veinte días siguientes a su adopción, sin posibilidad de ser recurrido.

3. Cuando el acuerdo de iniciación del procedimiento no contenga un pronunciamiento expreso acerca de las medidas provisionales previas, dichas medidas:

a) Se mantendrán, hasta la fase de alegaciones.
b) Se mantendrán, salvo que haya recurso pendiente.
c) Se prorrogaran por quince días.
d) Quedarán sin efecto.

4. Los procedimientos de naturaleza sancionadora se iniciarán:

a) De oficio o a instancia de parte.
b) Siempre a instancia de parte.
c) Siempre de oficio.
d) En virtud de denuncia.

5. Si la solicitud de iniciación del procedimiento administrativo no reúne los requisitos recogidos en la Ley 39/2015 u otros exigidos por la legislación específica aplicable:

a) Se inadmitirá la solicitud presentada por el interesado.

b) Se le dará un plazo de cinco días para que vuelva a presentar la solicitud correctamente.

c) Se le dará un plazo de veinte días para que subsane la falta o acompañe los documentos preceptivos.

d) Se le dará un plazo de diez días para que subsane la falta o acompañe los documentos preceptivos.

6. ¿Suspenderá la tramitación del procedimiento las cuestiones incidentales que se susciten en el mismo?

a) No.

b) Sí.

c) No, salvo las que se refieran a la nulidad de actuaciones.

d) No, incluso las relativas a la recusación no se suspenderán.

7. Señala cuál de las siguientes no podrá adoptarse como medidas provisionales en un procedimiento administrativo:

a) Embargo preventivo de bienes.

b) Inmovilización de cosa mueble.

c) Retirada o intervención de bienes productivos.

d) Suspensión definitiva de actividades.

8. El interesado en el procedimiento administrativo tiene derecho:

a) A formular alegaciones y a utilizar los medios de defensa admitidos por el Ordenamiento Jurídico en cualquier fase del procedimiento.

b) A formular alegaciones, a utilizar los medios de defensa admitidos por el Ordenamiento Jurídico, y a aportar documentos en cualquier fase del procedimiento anterior al trámite de audiencia.

c) A formular alegaciones y a utilizar los medios de defensa admitidos por el Ordenamiento Jurídico en cualquier fase del procedimiento, pero solo podrá aportar documentos con posterioridad al trámite de audiencia.

d) A formular alegaciones y a utilizar los medios de defensa admitidos por el Ordenamiento Jurídico en cualquier fase del procedimiento anterior al dictado de la resolución por la que se pone fin al procedimiento.

9. Contra el acuerdo de acumulación de procedimientos:

a) Cabe recurso de revisión.

b) Cabe recurso extraordinario de revisión.

c) No cabe recurso alguno.
d) Cabe recurso de alzada.

10. Los procedimientos administrativos que no tengan naturaleza sancionadora se podrán iniciar:

a) Por acuerdo del órgano competente o a petición razonada de otros órganos.
b) Por acuerdo del órgano competente, bien por propia iniciativa o como consecuencia de orden superior, a petición razonada de otros órganos o por denuncia.
c) Por denuncia solamente.
d) De oficio siempre.

11. Cuando el procedimiento se iniciara por una denuncia en la que se invocara un perjuicio en el patrimonio de las Administraciones Públicas:

a) La no iniciación del procedimiento deberá ser motivada y se notificará a los denunciantes la decisión de si se ha iniciado o no el procedimiento.
b) La iniciación del procedimiento deberá ser motivada y no se notificará a los denunciantes, si el instructor lo considera oportuno.
c) La no iniciación del procedimiento quedará a la decisión del instructor, sin necesidad de motivarla, salvo a petición del denunciante.
d) La no iniciación del procedimiento nunca deberá ser motivada.

12. Los interesados podrán solicitar el inicio de un procedimiento de responsabilidad patrimonial:

a) Siempre.
b) Dentro de los cuatro años siguientes a aquel en que se produjo el acto que motiva la indemnización.
c) Si así se dispone por sentencia.
d) Cuando no haya prescrito su derecho a reclamar.

13. El plazo de subsanación de la solicitud de iniciación del procedimiento podrá ampliarse prudencialmente, cuando la aportación de los documentos requeridos presente dificultades especiales:

a) Hasta cinco días.
b) Hasta diez días.
c) Hasta quince días.
d) Siempre por diez días más.

14. En los procedimientos de naturaleza sancionadora, ¿cuál de los siguientes no es un derecho de los presuntos responsables?

a) A ser notificado de la identidad del instructor.
b) A saber quién es la autoridad competente para imponer la sanción.

c) A ser informado de sus derechos procesales penales.
d) A ser notificado de los hechos que se le imputen.

15. ¿Hay presunción de existencia de responsabilidad administrativa mientras no se demuestre lo contrario?

a) Sí, salvo excepciones.
b) Nunca.
c) Solo en los procedimientos de naturaleza sancionadora.
d) Siempre.

En MADTEST tienes **más preguntas de este tema**, y todos tus avances quedan registrados y se reflejan en el ranking.

¡Supera tus límites con MADTEST!

Solución al test n.º 4

1. c) En cualquier momento.

2. a) Dentro de los quince días siguientes a su adopción, pudiendo ser recurrido.

3. d) Quedarán sin efecto.

4. c) Siempre de oficio.

5. d) Se le dará un plazo de diez días para que subsane la falta o acompañe los documentos preceptivos.

6. a) No.

7. d) Suspensión definitiva de actividades.

8. b) A formular alegaciones, a utilizar los medios de defensa admitidos por el Ordenamiento Jurídico, y a aportar documentos en cualquier fase del procedimiento anterior al trámite de audiencia.

9. c) No cabe recurso alguno.

10. b) Por acuerdo del órgano competente, bien por propia iniciativa o como consecuencia de orden superior, a petición razonada de otros órganos o por denuncia.

11. a) La no iniciación del procedimiento deberá ser motivada y se notificará a los denunciantes la decisión de si se ha iniciado o no el procedimiento.

12. d) Cuando no haya prescrito su derecho a reclamar.

13. a) Hasta cinco días.

14. c) A ser informado de sus derechos procesales penales.

15. b) Nunca.

El acto administrativo: concepto, clases y elementos. Su motivación y notificación. Eficacia y validez de los actos administrativos

1. Señala la respuesta incorrecta. Según el artículo 35 de la Ley 39/2015, de 1 de octubre, de Procedimiento Administrativo Común de las Administraciones Públicas, serán motivados, con sucinta referencia de hechos y fundamentos de Derecho:

a) Los actos que limiten derechos subjetivos o intereses legítimos.

b) Los actos que resuelvan procedimientos de revisión de oficio de disposiciones o actos administrativos, recursos administrativos, reclamaciones previas a la vía judicial y procedimientos de arbitraje.

c) Los actos que se separen del criterio seguido en actuaciones precedentes o del dictamen de órganos consultivos.

d) Los actos declarativos de derechos.

2. De acuerdo con el artículo 39 de la Ley 39/2015, de 1 de octubre, de Procedimiento Administrativo Común de las Administraciones Públicas, con carácter general, los actos de las Administraciones Públicas sujetos al Derecho Administrativo se presumirán válidos y producirán efectos desde:

a) La fecha en que se dicten, salvo que en ellos se disponga otra cosa.

b) Su notificación.

c) Su publicación.

d) La aprobación superior.

3. En relación con las notificaciones en papel, de acuerdo con lo dispuesto en el artículo 42 de la Ley 39/2015, de 1 de octubre, de Procedimiento Administrativo Común de las Administraciones Públicas de los actos administrativos, señala la respuesta incorrecta:

a) Se notificarán a los interesados las resoluciones y actos administrativos que afecten a sus derechos e intereses.

b) Toda notificación deberá ser cursada dentro del plazo de diez días a partir de la fecha en que el acto haya sido dictado.

c) En los procedimientos iniciados a solicitud del interesado, la notificación se practicará en el domicilio del interesado. Cuando ello no fuera posible, en cualquier lugar adecuado a tal fin.

d) Cuando la notificación se practique en el domicilio del interesado, de no hallarse presente este en el momento de entregarse la notificación podrá hacerse cargo de la misma cualquier persona mayor de 14 años que se encuentre en el domicilio y haga constar su identidad.

4. Conforme al artículo 45 de la Ley 39/2015, de 1 de octubre, de Procedimiento Administrativo Común de las Administraciones Públicas, la publicación sustituirá a la notificación surtiendo sus mismos efectos en los siguientes casos:

a) Cuando el acto tenga por destinatario a una persona jurídica.

b) Cuando la Administración estime que la notificación efectuada a un solo interesado es insuficiente para garantizar la notificación a todos, siendo, en este último caso, adicional a la notificación efectuada.

c) En los procedimientos iniciados a solicitud del interesado.

d) Cuando la notificación se practique en el domicilio del interesado.

5. De acuerdo con el artículo 47 de la Ley 39/2015, de 1 de octubre, de Procedimiento Administrativo Común de las Administraciones Públicas, los actos de las Administraciones Públicas son nulos de pleno derecho en los casos siguientes:

a) Los actos de la Administración que incurran en cualquier infracción del ordenamiento jurídico.

b) Los actos dictados por órgano manifiestamente incompetente por razón de la jerarquía.

c) Los actos que tengan un contenido imposible.

d) Los actos de la Administración que incurran en desviación de poder.

6. Son anulables, de acuerdo con el artículo 48.1 de la Ley 39/2015, de 1 de octubre, de Procedimiento Administrativo Común de las Administraciones Públicas:

a) Los actos de la Administración que incurran en cualquier infracción del ordenamiento jurídico, incluso la desviación de poder.

b) Los actos dictados prescindiendo total y absolutamente del procedimiento legalmente establecido o de las normas que contienen las reglas esenciales para la formación de la voluntad de los órganos colegiados.

c) Los actos expresos o presuntos contrarios al ordenamiento jurídico por los que se adquieren facultades o derechos cuando se carezca de los requisitos esenciales para su adquisición.

d) Los actos dictados por órgano manifiestamente incompetente por razón de la materia.

7. Conforme con el artículo 48.2 de la Ley 39/2015, de 1 de octubre, de Procedimiento Administrativo Común de las Administraciones Públicas, el defecto de forma de los actos de las Administraciones Públicas solo determinará la anulabilidad:

a) Siempre.

b) Nunca.

c) Cuando el acto carezca de los requisitos formales, dando lugar a la indefensión de los interesados.

d) Cuando el acto administrativo se notifique fuera de plazo, no siendo esencial el término o plazo.

8. La Administración podrá convalidar los actos anulables, subsanando los vicios de que adolezcan. Si el vicio consistiera en incompetencia no determinante de nulidad, la convalidación podrá realizarse, de conformidad con el artículo 52.3 de la Ley 39/2015, de 1 de octubre, de Procedimiento Administrativo Común de las Administraciones Públicas, por:

a) El órgano competente cuando sea inferior jerárquico del que dictó el acto viciado.

b) El órgano competente cuando sea superior jerárquico del que dictó el acto viciado.

c) El órgano competente por razón de la materia.

d) El órgano competente por razón del territorio.

9. En relación con la forma de los actos administrativos, señala la respuesta incorrecta:

a) Los actos administrativos se producirán por escrito a través de medios electrónicos, a menos que su naturaleza exija otra forma más adecuada de expresión y constancia.

b) En los casos en que los órganos administrativos ejerzan su competencia de forma verbal, la constancia escrita del acto, cuando sea necesaria, se efectuará y firmará por el titular del órgano superior, expresando en la comunicación del mismo la autoridad de la que procede.

c) Si se tratara de resoluciones, el titular de la competencia deberá autorizar una relación de las que haya dictado de forma verbal, con expresión de su contenido.

d) Cuando deba dictarse una serie de actos administrativos de la misma naturaleza, tales como nombramientos, concesiones o licencias, podrán refundirse en un único acto.

10. Son actos anulables de acuerdo con el artículo 48 de la Ley 39/2015, de 1 de octubre, de Procedimiento Administrativo Común de las Administraciones Públicas:

a) Los de contenido imposible.

b) Los que carezcan de los requisitos formales indispensables para alcanzar su fin.

c) Los dictados prescindiendo total y absolutamente de los procedimientos legalmente establecidos para ellos.

d) Los dictados prescindiendo total y absolutamente del procedimiento establecido por las normas que contienen las reglas esenciales para la formación de la voluntad de los órganos colegiados.

11. De todas las resoluciones citadas a continuación, ¿cuáles de ellas no necesitarán ser motivadas?

a) Las que sigan el criterio seguido en actuaciones precedentes.
b) Los acuerdos de suspensión de actos.
c) Las que se dicten en el ejercicio de potestades discrecionales.
d) Las que resuelvan los recursos.

12. ¿En qué casos un defecto de forma determinará la anulabilidad del acto?

a) Cuando carezcan de los requisitos formales indispensables para alcanzar su fin o dé lugar a indefensión.
b) Cuando sean insubsanables.
c) Solo en los casos en los que se dé lugar a indefensión.
d) Solo cuando carezcan de los requisitos formales indispensables.

13. Señala la respuesta incorrecta. Cuando una Administración Pública tenga que dictar, en el ámbito de sus competencias, un acto que necesariamente tenga por base otro dictado por una Administración Pública distinta y aquella entienda que es ilegal:

a) Podrá requerir a la otra Administración previamente para que anule o revise el acto de acuerdo con lo dispuesto en el artículo 44 de la Ley 29/1998, de 13 de julio, reguladora de la Jurisdicción Contencioso-Administrativa.
b) Realizado el requerimiento y al ser rechazado este, podrá interponer recurso contencioso-administrativo.
c) Realizado el requerimiento y al ser rechazado este, podrá interponer recurso de revisión.
d) En estos casos, quedará suspendido el procedimiento para dictar resolución.

14. Las notificaciones administrativas por medios electrónicos requerirán para su validez:

a) El señalamiento explícito de dicho medio de notificación en el momento de iniciación del procedimiento.
b) El establecimiento de este sistema por medio de una norma de rango legal.
c) El acceso a su contenido, momento a partir del cual la notificación se entenderá practicada a todos los efectos legales.
d) El establecimiento de este sistema por medio de una norma de rango reglamentario.

15. Por regla general una notificación electrónica se entenderá rechazada con los efectos previstos en el artículo 43.2 de la Ley 39/2015, de 1 de octubre, del Procedimiento Administrativo Común de las Administraciones Públicas, cuando teniendo constancia de la puesta a disposición transcurran:

a) Diez días hábiles sin que se acceda a su contenido.
b) Diez días naturales desde que se accedió al contenido sin existir respuesta.
c) Diez días naturales sin que se acceda al contenido.
d) Quince días hábiles desde que se accedió al contenido sin existir respuesta.

Solución al test n.º 5

1. d) Los actos declarativos de derechos.

2. a) La fecha en que se dicten, salvo que en ellos se disponga otra cosa.

3. c) En los procedimientos iniciados a solicitud del interesado, la notificación se practicará en el domicilio del interesado. Cuando ello no fuera posible, en cualquier lugar adecuado a tal fin.

4. b) Cuando la Administración estime que la notificación efectuada a un solo interesado es insuficiente para garantizar la notificación a todos, siendo, en este último caso, adicional a la notificación efectuada.

5. c) Los actos que tengan un contenido imposible.

6. a) Los actos de la Administración que incurran en cualquier infracción del ordenamiento jurídico, incluso la desviación de poder.

7. c) Cuando el acto carezca de los requisitos formales, dando lugar a la indefensión de los interesados.

8. b) El órgano competente cuando sea superior jerárquico del que dictó el acto viciado.

9. b) En los casos en que los órganos administrativos ejerzan su competencia de forma verbal, la constancia escrita del acto, cuando sea necesaria, se efectuará y firmará por el titular del órgano superior, expresando en la comunicación del mismo la autoridad de la que procede.

10. b) Los que carezcan de los requisitos formales indispensables para alcanzar su fin.

11. a) Las que sigan el criterio seguido en actuaciones precedentes.

12. a) Cuando carezcan de los requisitos formales indispensables para alcanzar su fin o dé lugar a indefensión.

13. c) Realizado el requerimiento y al ser rechazado este, podrá interponer recurso de revisión.

14. c) El acceso a su contenido, momento a partir del cual la notificación se entenderá practicada a todos los efectos legales.

15. c) Diez días naturales sin que se acceda al contenido.

TEST N.º 6

Los recursos administrativos. La revisión de oficio de los actos administrativos. El recurso contencioso-administrativo

1. La revisión de las disposiciones dictadas por las Administraciones Públicas en vía administrativa supone:

a) La anulabilidad de los actos y disposiciones siempre que no hayan sido recurridos en plazo.

b) La estimación de las reclamaciones efectuadas por los particulares cuando haya transcurrido el plazo sin que se hubiera dictado la resolución correspondiente.

c) La declaración de oficio de la nulidad de los actos administrativos que pongan fin a la vía administrativa.

d) La posibilidad de que la nulidad de los actos administrativos sea declarada mediante dictamen del Consejo de Estado u órgano consultivo equivalente de la Comunidad Autónoma.

2. Transcurridos seis meses desde que la Administración inició de oficio el procedimiento de revisión de una disposición administrativa o un acto nulo, sin dictarse resolución, se producirá:

a) La prescripción del derecho del interesado a reclamar.

b) La nulidad *ipso iure* de la disposición o acto.

c) La desestimación de la pretensión ejercitada en el mismo.

d) La caducidad del procedimiento.

3. En los procedimientos de revisión de disposiciones administrativas y actos nulos, no será preceptiva la intervención del Consejo de Estado u órgano equivalente de la Comunidad Autónoma:

a) Cuando la nulidad sea declarada de oficio pero a instancias de interesado.

b) Para acordar motivadamente la inadmisión a trámite de las solicitudes formuladas por los interesados, siempre que no se basen en una nulidad de pleno derecho.

c) En los supuestos en que la nulidad dimane de una vulneración de normas de rango superior.

d) Para acordar motivadamente la inadmisión a trámite de las solicitudes formuladas por los interesados en cualquier caso.

4. Cuando una disposición administrativa haya sido declarada nula, el particular afectado por el acto en cuestión:

a) Tendrá derecho a ser indemnizado, siempre que el daño causado sea efectivo, evaluable, individualizado y no hubiera tenido el deber jurídico de soportarlo.

b) Será indemnizado, si en la resolución que así lo declare se reconoce ese derecho.

c) No será indemnizado en ningún caso, pues subsisten las consecuencias de los actos firmes dictados en aplicación de la misma.

d) Deberá ser indemnizado en todo caso y por el simple hecho de la declaración de nulidad, pues al serle aplicada una norma manifiestamente ilegal, el perjuicio o daño se presume.

5. El plazo para declarar de oficio la nulidad de los actos administrativos que hayan puesto fin a la vía administrativa o que no hayan sido recurridos en su momento oportuno, es:

a) De seis meses.

b) De cuatro años.

c) De cuatro años para los que no hayan sido recurridos en plazo e indefinidamente para los que pongan fin a la vía administrativa.

d) *Sine die*, es decir, no existe plazo alguno para ello.

6. La declaración de lesividad de los actos administrativos favorables a los interesados:

a) Supone la nulidad automática de los mismos, sin necesidad de recabar dictamen del Consejo de Estado u órgano consultivo equivalente de la Comunidad Autónoma.

b) Reconoce el derecho de los particulares a ser indemnizados como consecuencia de los daños y perjuicios que les haya causado la aplicación de los actos declarados nulos.

c) Permite a las Administraciones Públicas impugnar ante la Jurisdicción Contencioso-Administrativa dichos actos.

d) Es la Resolución por la que se declara la anulabilidad de los mismos.

7. Los actos administrativos con defectos de forma pero con los requisitos formales indispensables para alcanzar su fin, sin causar indefensión de los interesados:

a) Serán declarados lesivos para el interés público si ha beneficiado al interesado o interesados.

b) Son anulables, previa declaración de lesividad y el dictamen favorable del Consejo de Estado u órgano consultivo equivalente de la Comunidad Autónoma.

c) Son nulos de pleno derecho.

d) No son anulables, por lo general.

8. La lesividad de un acto administrativo podrá declararse:

a) A los cuatro años desde su dictado.
b) Antes de los seis meses desde que se dictó.
c) Cuatro años después de conocido el vicio que lo invalida.
d) En cualquier momento.

9. El transcurso del plazo previsto para la resolución del procedimiento en el que se declare la lesividad del acto, sin haberse acordado la misma, supone:

a) La anulabilidad del acto administrativo.
b) La nulidad del acto administrativo.
c) La firmeza del acto administrativo.
d) La caducidad del procedimiento administrativo.

10. La competencia para declarar la lesividad de un acto emanado de una entidad de las que integran la Administración Local corresponde:

a) Al Alcalde de la Corporación.
b) Al Pleno de la Corporación.
c) Al órgano individual superior de la Corporación.
d) Al Consejo de Estado u órgano consultivo equivalente de la Comunidad Autónoma.

11. La suspensión de la ejecución de los actos administrativos sobre los que se haya iniciado un procedimiento de revisión de oficio se podrá acordar:

a) Siempre, cuando así discrecionalmente lo decida la Administración.
b) En ningún caso, pues no es posible su suspensión.
c) Cuando así lo solicite el interesado, previo aval que garantice las responsabilidades que se pudieran derivar.
d) Si se pudieran causar perjuicios de imposible o difícil reparación.

12. Los errores materiales, de hecho o aritméticos existentes en los actos administrativos podrán ser rectificados:

a) Siempre que no haya transcurrido el plazo de prescripción.
b) En cualquier momento.
c) Cuando no constituya exención o dispensa contraria a la ley.
d) Si no atenta contra la igualdad, el interés público o el ordenamiento jurídico.

13. No es un límite al ejercicio de las facultades de revisión de actos administrativos expresamente previsto en la Ley 39/2015, de 1 de octubre:

a) El interés público.
b) La equidad.

c) La buena fe.
d) Los derechos de los ciudadanos.

14. La competencia para la revisión de oficio de las disposiciones y de actos nulos y anulables dictados por los Secretarios de Estado de la Administración General la ostenta:

a) El Consejo de Ministros.
b) El máximo órgano rector colegiado del Ministerio al que se encuentren adscritos.
c) Ellos mismos.
d) El Ministro del que dependan.

15. ¿Qué recurso o recursos se pueden oponer contra los actos administrativos de trámite que no se encuentren afectos de nulidad ni anulabilidad?

a) Alzada.
b) Reposición.
c) Ninguno, sin perjuicio de alegar el defecto que corresponda al recurrir contra la resolución que ponga fin al procedimiento, en su caso.
d) Alzada y potestativo de reposición.

En MADTEST tienes **más preguntas de este tema**, y todos tus avances quedan registrados y se reflejan en el ranking.

¡Supera tus límites con MADTEST!

Solución al test n.º 6

1. c) La declaración de oficio de la nulidad de los actos administrativos que pongan fin a la vía administrativa.

2. d) La caducidad del procedimiento.

3. b) Para acordar motivadamente la inadmisión a trámite de las solicitudes formuladas por los interesados, siempre que no se basen en una nulidad de pleno derecho.

4. a) Tendrá derecho a ser indemnizado, siempre que el daño causado sea efectivo, evaluable, individualizado y no hubiera tenido el deber jurídico de soportarlo.

5. d) Sine die, es decir, no existe plazo alguno para ello.

6. c) Permite a las Administraciones Públicas impugnar ante la Jurisdicción Contencioso Administrativa dichos actos.

7. d) No son anulables, por lo general.

8. a) A los cuatro años desde su dictado.

9. d) La caducidad del procedimiento administrativo.

10. b) Al Pleno de la Corporación.

11. d) Si se pudieran causar perjuicios de imposible o difícil reparación.

12. b) En cualquier momento.

13. a) El interés público.

14. d) El Ministro del que dependan.

15. c) Ninguno, sin perjuicio de alegar el defecto que corresponda al recurrir contra la resolución que ponga fin al procedimiento, en su caso.

TEST N.º 7

Funcionamiento de los órganos colegiados locales. Convocatoria y orden del día. Actas y certificaciones de acuerdos

1. Atendiendo a su finalidad fundamental, puede definirse la sesión como:

a) Un acto más del procedimiento.
b) Una reunión de los miembros de la Corporación.
c) Un procedimiento que tiene por objeto la formación y declaración de voluntad del órgano colegiado.
d) Una conferencia expositiva.

2. Las sesiones pueden ser:

a) Ordinarias y extraordinarias.
b) Ordinarias y permanentes.
c) Permanentes y especiales.
d) Ordinarias, extraordinarias y extraordinarias urgentes.

3. La periodicidad de las sesiones extraordinarias es:

a) Como mínimo cada mes en los Ayuntamientos de municipios de más de 20.000 habitante.
b) Cada dos meses en los Ayuntamientos de los municipios de una población entre 5.001 habitantes y 20.000 habitantes.
c) Las sesiones extraordinarias no están sujetas a periodicidad.
d) Cada tres meses en los municipios de hasta 5.000 habitantes.

4. Si el Presidente no convocase el Pleno extraordinario solicitado por la cuarta parte, al menos, del número legal de miembros de la Corporación dentro del plazo de quince días hábiles desde que fuera solicitado:

a) Quedará automáticamente convocado para el décimo día hábil siguiente al de la finalización de dicho plazo, a las once horas.
b) Quedará automáticamente convocado para el undécimo día hábil siguiente al de la finalización de dicho plazo, a las doce horas.

c) Quedará automáticamente convocado para el décimo día hábil siguiente al de la finalización de dicho plazo, a las doce horas.

d) Ninguna respuesta es correcta.

5. La convocatoria de las sesiones dará lugar a la apertura del correspondiente expediente, en el que no deberá constar:

a) La constancia de las tasas que procedan.

b) La relación de expedientes conclusos.

c) La fijación del Orden del Día.

d) Minuta del Acta.

6. En el Orden del Día de las sesiones ordinarias se incluirá el punto de ruegos y preguntas:

a) De todos los asistentes.

b) Siempre.

c) De las asociaciones de vecinos.

d) En determinados casos.

7. ¿Es posible habilitarse otro edificio o local para la celebración de las sesiones?

a) En los casos de fuerza mayor.

b) En ningún caso.

c) Se celebrarán en la Casa Consistorial y si no es posible se suspenderá la sesión.

d) En todo caso, se celebrarán en Palacio Provincial o sede de la Corporación de que se trate.

8. Quien se considere aludido por una intervención podrá solicitar del Alcalde o Presidente:

a) La concesión de un turno por alusiones por tiempo de tres minutos.

b) Retirarse de la sesión.

c) Que se conceda un turno por alusiones, que será breve y conciso.

d) La concesión de un turno por alusiones por tiempo de cinco minutos.

9. ¿En qué consiste la moción?

a) Es la propuesta sometida a Pleno tras el estudio del expediente por la Comisión Informativa.

b) Es la propuesta que se somete a Pleno relativa a un asunto incluido en el Orden del Día sin haber pasado por la Comisión Informativa.

c) Es la propuesta que se somete directamente a conocimiento del Pleno, sobre un asunto no comprendido en el Orden del Día y que no tiene cabida en el punto de ruegos y preguntas.

d) Es la propuesta de modificación de un dictamen formulada por un miembro de la Comisión Informativa.

10. La votación podrá ser:

a) Por nombre y apellidos o por partido político.
b) Nominal, secreta y en voz alta.
c) Secreta y no secreta.
d) Nominal, secreta y ordinaria.

11. La votación secreta:

a) Podrá utilizarse para la aprobación de las Ordenanzas.
b) Solo podrá utilizarse para elección o destitución de personas.
c) Solo podrá utilizarse para la aprobación del Presupuesto.
d) Solo podrá utilizarse para el despido del personal laboral.

12. En los municipios de gran población no se exigirá el voto favorable de la mayoría absoluta del número legal de miembros del Pleno para:

a) La concertación de las operaciones de crédito.
b) Los acuerdos relativos a la participación en organizaciones supramunicipales.
c) La aprobación y modificación de los reglamentos de naturaleza orgánica.
d) Los acuerdos relativos a la delimitación y alteración del término municipal.

13. En los municipios de régimen de gran población se exigirá el voto favorable de la mayoría absoluta del número legal de miembros del Pleno para:

a) La determinación de los recursos propios de carácter tributario.
b) La alteración del nombre y de la capitalidad del municipio.
c) Las dos anteriores son correctas.
d) la aprobación y modificación de los presupuestos.

14. La enajenación de bienes, cuando su cuantía exceda del 20 % de los recursos ordinarios de su presupuesto requerirá:

a) Mayoría simple.
b) Mayoría de dos tercios.
c) Mayoría absoluta.
d) Mayoría de un tercio.

15. Cuando las resoluciones administrativas se dicten por delegación:

a) Se deberá dictar una resolución posterior por la Autoridad delegante.

b) Se acompañará de copia del acuerdo de delegación.

c) Podrá ser revocada en cualquier momento.

d) Se hará constar expresamente esta circunstancia y se considerarán dictadas por la Autoridad que la haya conferido.

En MADTEST tienes **más preguntas de este tema**, y todos tus avances quedan registrados y se reflejan en el ranking.

¡Supera tus límites con MADTEST!

Solución al test n.º 7

1. c) Un procedimiento que tiene por objeto la formación y declaración de voluntad del órgano colegiado.

2. d) Ordinarias, extraordinarias y extraordinarias urgentes.

3. c) Las sesiones extraordinarias no están sujetas a periodicidad.

4. c) Quedará automáticamente convocado para el décimo día hábil siguiente al de la finalización de dicho plazo, a las doce horas.

5. a) La constancia de las tasas que procedan.

6. b) Siempre.

7. a) En los casos de fuerza mayor.

8. c) Que se conceda un turno por alusiones, que será breve y conciso.

9. c) Es la propuesta que se somete directamente a conocimiento del Pleno, sobre un asunto no comprendido en el Orden del Día y que no tiene cabida en el punto de ruegos y preguntas.

10. d) Nominal, secreta y ordinaria.

11. b) Solo podrá utilizarse para elección o destitución de personas.

12. a) La concertación de las operaciones de crédito.

13. b) La alteración del nombre y de la capitalidad del municipio.

14. c) Mayoría absoluta.

15. d) Se hará constar expresamente esta circunstancia y se considerarán dictadas por la Autoridad que la haya conferido.

TEST N.º 8

Los contratos administrativos en la esfera local. Especial referencia a la selección del contratista

1. El artículo 1 de la Ley 9/2017 establece que la contratación del sector público debe garantizar, entre otros fines, que la adjudicación de los contratos se realice conforme a:

a) Los principios de libertad de acceso a las licitaciones, publicidad y transparencia de los procedimientos, y no discriminación e igualdad de trato entre los licitadores.
b) Los principios de estabilidad presupuestaria y sostenibilidad financiera.
c) Los principios de jerarquía administrativa y descentralización funcional.
d) Los principios de coordinación interadministrativa y cooperación institucional.

2. A efectos de la Ley de Contratos del Sector Público, la categoría de sector público comprende:

a) Las Administraciones territoriales y los organismos autónomos.
b) Las Administraciones Públicas, los poderes adjudicadores que no tengan tal carácter y las restantes entidades del sector público.
c) Las Administraciones territoriales y las sociedades mercantiles públicas.
d) Las Administraciones territoriales y las entidades públicas empresariales.

3. Conforme al artículo 3 de la LCSP, tienen la consideración de Administraciones Públicas a efectos de esta Ley:

a) Las Administraciones territoriales y las sociedades mercantiles públicas.
b) Las Administraciones territoriales y las fundaciones públicas.
c) Las Administraciones territoriales, los organismos autónomos y las entidades gestoras y servicios comunes de la Seguridad Social.
d) Las Administraciones territoriales y las sociedades mercantiles participadas mayoritariamente por capital público.

4. Las entidades del sector público que no tienen la condición de Administración Pública pero sí de poder adjudicador:

a) Aplican el Derecho privado en todas las fases del contrato.
b) Aplican exclusivamente el Derecho administrativo en la ejecución del contrato.
c) Aplican el Derecho administrativo en la ejecución del contrato y el Derecho privado en su adjudicación.
d) Aplican las normas de la LCSP relativas a preparación y adjudicación de los contratos.

5. Para que una entidad tenga la condición de poder adjudicador que no es Administración Pública debe concurrir, entre otros requisitos:

a) Que haya sido creada para satisfacer necesidades de interés general que no tengan carácter industrial o mercantil.
b) Que su actividad esté sometida a control presupuestario.
c) Que su actividad tenga carácter económico o empresarial.
d) Que su órgano de dirección sea designado por una Administración Pública.

6. El ámbito objetivo de la Ley de Contratos del Sector Público comprende:

a) Los contratos administrativos celebrados por las Administraciones Públicas.
b) Los contratos celebrados por entidades públicas con financiación pública.
c) Los contratos onerosos celebrados por las entidades que integran el sector público.
d) Los contratos administrativos celebrados por poderes adjudicadores.

7. De acuerdo con la Ley de Contratos del Sector Público, los contratos del sector público se clasifican atendiendo, entre otros criterios, a:

a) Su objeto y naturaleza jurídica.
b) El número de licitadores que participan en el procedimiento.
c) El volumen económico del contrato.
d) El órgano que ejerce la supervisión financiera.

8. Tendrá la consideración de contrato de obras aquel que tenga por objeto:

a) El mantenimiento ordinario de infraestructuras públicas.
b) La prestación de servicios vinculados a la explotación de infraestructuras.
c) La ejecución de trabajos de construcción o ingeniería civil que produzcan una obra susceptible de cumplir una función económica o técnica.
d) La adquisición de materiales destinados a obras públicas.

9. En el contrato de concesión de obras, la retribución del concesionario puede consistir:

a) En el derecho a explotar la obra, con o sin pago adicional por parte de la Administración.
b) En el pago exclusivo de un precio fijo por la Administración.
c) En una compensación económica determinada por los usuarios del servicio.
d) En la entrega de bienes patrimoniales de la Administración.

10. Los contratos de servicios incluyen, entre otros:

a) Los contratos de ejecución de obras públicas.
b) Los contratos de adquisición de maquinaria.
c) Los contratos de consultoría, asistencia técnica o mantenimiento.
d) Los contratos de concesión de servicios.

11. La diferencia principal entre el contrato de servicios y la concesión de servicios radica en:

a) La duración del contrato.
b) El número de usuarios del servicio.
c) La existencia o no de transferencia del riesgo operacional al contratista.
d) El procedimiento de adjudicación utilizado.

12. La noción de riesgo operacional en los contratos de concesión implica:

a) La exposición a las incertidumbres del mercado relacionadas con la explotación de la obra o del servicio.
b) La obligación de financiar la totalidad del contrato.
c) La responsabilidad patrimonial del contratista frente a terceros.
d) La obligación de asumir los costes de personal del servicio.

13. El contrato mixto se caracteriza porque:

a) Combina prestaciones de naturaleza administrativa y patrimonial.
b) Incluye prestaciones propias de contratos administrativos y privados.
c) Comprende prestaciones correspondientes a distintos tipos de contratos regulados en la LCSP.
d) Se adjudica mediante procedimientos distintos en una misma licitación.

14. En los contratos mixtos, el régimen jurídico aplicable se determina:

a) Por el tipo de procedimiento de adjudicación utilizado.
b) Por la prestación que tenga mayor importancia desde el punto de vista económico.
c) Por la duración del contrato.
d) Por el órgano de contratación competente.

15. Los contratos administrativos especiales se caracterizan porque:

a) Tienen naturaleza patrimonial.

b) Se rigen por el Derecho privado.

c) Están vinculados al giro o tráfico específico de la Administración contratante o satisfacen una finalidad pública.

d) Su objeto se corresponde con prestaciones propias del Derecho civil.

En MADTEST tienes **más preguntas de este tema**, y todos tus avances quedan registrados y se reflejan en el ranking.

¡Supera tus límites con MADTEST!

Solución al test n.º 8

1. a) Los principios de libertad de acceso a las licitaciones, publicidad y transparencia de los procedimientos, y no discriminación e igualdad de trato entre los licitadores.

2. b) Las Administraciones Públicas, los poderes adjudicadores que no tengan tal carácter y las restantes entidades del sector público.

3. c) Las Administraciones territoriales, los organismos autónomos y las entidades gestoras y servicios comunes de la Seguridad Social.

4. d) Aplican las normas de la LCSP relativas a preparación y adjudicación de los contratos.

5. a) Que haya sido creada para satisfacer necesidades de interés general que no tengan carácter industrial o mercantil.

6. c) Los contratos onerosos celebrados por las entidades que integran el sector público.

7. a) Su objeto y naturaleza jurídica.

8. c) La ejecución de trabajos de construcción o ingeniería civil que produzcan una obra susceptible de cumplir una función económica o técnica.

9. a) En el derecho a explotar la obra, con o sin pago adicional por parte de la Administración.

10. c) Los contratos de consultoría, asistencia técnica o mantenimiento.

11. c) La existencia o no de transferencia del riesgo operacional al contratista.

12. a) La exposición a las incertidumbres del mercado relacionadas con la explotación de la obra o del servicio.

13. c) Comprende prestaciones correspondientes a distintos tipos de contratos regulados en la LCSP.

14. b) Por la prestación que tenga mayor importancia desde el punto de vista económico.

15. c) Están vinculados al giro o tráfico específico de la Administración contratante o satisfacen una finalidad pública.

TEST N.º 9

**Las haciendas locales. Clasificación de ingresos.
Las ordenanzas fiscales: procedimiento de elaboración
y aprobación. Régimen jurídico del gasto público local.
Control y fiscalización del gasto**

1. De conformidad con el artículo 142 de la Constitución Española:

a) Las Haciendas Locales deberán disponer de los medios suficientes para el desempeño de las funciones que la ley atribuye a las Corporaciones respectivas.

b) Las Haciendas Locales deberán disponer de los medios necesarios para el desempeño de las funciones que la ley atribuye a las Corporaciones respectivas.

c) Las Haciendas Locales deberán disponer de los medios suficientes para el desempeño de las necesidades que la ley atribuye a las Corporaciones respectivas.

d) Las Haciendas Locales deberán disponer de los medios suficientes para el desempeño de las actividades que la ley atribuye a las Corporaciones respectivas.

2. Según la Ley de Bases de Régimen Local:

a) Las Haciendas Locales se nutren, además de tributos propios y de las participaciones reconocidas en los del Estado y en los de las Comunidades Autónomas, de aquellos otros recursos que prevé la ley.

b) Las Haciendas Locales se nutren, además de tributos propios, de las participaciones reconocidas en los del Estado y en los de las Comunidades Autónomas.

c) Las Haciendas Locales se nutren, además de tributos propios, de las participaciones reconocidas en los del Estado.

d) Las Haciendas Locales se nutren, además de tributos propios, de las participaciones reconocidas en los de las Comunidades Autónomas.

3. Solo podrán establecerse prestaciones personales o patrimoniales de carácter público:

a) Con arreglo a la ley.
b) Con arreglo a la norma.

c) Con arreglo a los reglamentos.
d) Con arreglo a los Reales Decretos.

4. ¿Tienen las Entidades Locales potestad tributaria?

a) Sí, de carácter secundario.
b) Sí, de carácter primario.
c) No.
d) Solo la tiene el Estado.

5. La potestad reglamentaria de las Entidades Locales en materia tributaria se ejercerá a través de:

a) Ordenanzas Generales de Gestión, Recaudación e Inspección.
b) Ordenanzas Fiscales reguladoras de sus propios tributos.
c) Las respuestas anteriores son correctas.
d) Ordenanzas Fiscales reguladoras de las tarifas.

6. La Hacienda de las Entidades Locales estará constituida por los siguientes recursos:

a) Las subvenciones.
b) El producto de las operaciones de crédito.
c) El producto de las multas y sanciones.
d) Todas las respuestas son verdaderas.

7. ¿Qué ingresos tienen la consideración de derecho privado?

a) Las adquisiciones a título de herencia, legado o donación.
b) Los rendimientos o productos de cualquier naturaleza derivados del patrimonio.
c) Las adquisiciones mediante contratos.
d) Las respuestas a) y b) son correctas.

8. Tendrán la consideración de tasas las prestaciones patrimoniales que establezcan las Entidades locales por:

a) El coste de las obras.
b) La utilización privativa o el aprovechamiento especial del dominio público local.
c) Las actividades administrativas de toda clase.
d) Ninguna respuesta es correcta.

9. El importe de las contribuciones especiales no podrá exceder de:

a) 50 por 100 del coste de la obra que el Municipio soporte.
b) 90 por 100 del coste de la obra que el Municipio soporte.

c) 70 por 100 del coste de la obra que el Municipio soporte.

d) 80 por 100 del coste de la obra que el Municipio soporte.

10. Los Ayuntamientos podrán establecer y exigir el siguiente impuesto:

a) Impuesto sobre Bienes Inmuebles.

b) Impuesto sobre Vehículos de Tracción Mecánica.

c) Impuesto sobre el Incremento de Valor de los Terrenos de Naturaleza Urbana.

d) Impuesto sobre Actividades Económicas.

11. Las Entidades Locales podrán percibir subvenciones de toda índole con destino a sus obras y servicios:

a) Que no podrán ser aplicadas a atenciones distintas de aquellas para las que fueron otorgadas, salvo, en su caso, los sobrantes no reintegrables cuya utilización no estuviese prevista en la concesión.

b) Que no podrán ser aplicadas a atenciones distintas de aquellas para las que fueron otorgadas.

c) Que podrán ser aplicadas a atenciones distintas de aquellas para las que fueron otorgadas.

d) Que podrán ser aplicadas a atenciones distintas de aquellas para las que fueron otorgadas salvo, en su caso, los sobrantes no reintegrables.

12. Todas las operaciones financieras que suscriban las Corporaciones Locales están sujetas:

a) Al principio de anualidad.

b) Al principio de prudencia financiera.

c) Al principio de ejecución presupuestaria.

d) Al principio de especificación.

13. ¿Pueden las entidades locales acudir al crédito privado a largo plazo?

a) Sí, pudiendo instrumentarse a través de contratación de préstamos o créditos.

b) Sí, pudiendo instrumentarse a través de emisión de deuda privada.

c) Sí, pudiendo instrumentarse a través de conversión y sustitución total o parcial de operaciones futuras.

d) Todas las respuestas son verdaderas.

14. La prestación personal y de transporte podrá ser exigible:

a) Por los Ayuntamientos con población de derecho no superior a 3.000 habitantes.

b) Por los Ayuntamientos con población de derecho no superior a 4.000 habitantes.

c) Por las Entidades de ámbito inferior al municipio.

d) Por los Ayuntamientos con población de derecho no superior a 5.000 habitantes.

15. La competencia para conocer y resolver un recurso de reposición en materia tributaria será del:

a) Órgano de la Entidad Local superior al que haya dictado el acto administrativo impugnado.

b) Órgano de la Entidad Local que haya dictado el acto administrativo impugnado.

c) Órgano de la Entidad Local que haya delegado el dictado del acto administrativo impugnado.

d) Del alcalde o presidente.

En MADTEST tienes **más preguntas de este tema**, y todos tus avances quedan registrados y se reflejan en el ranking.

¡Supera tus límites con MADTEST!

Solución al test n.º 9

1. a) Las Haciendas Locales deberán disponer de los medios suficientes para el desempeño de las funciones que la ley atribuye a las Corporaciones respectivas.

2. a) Las Haciendas Locales se nutren, además de tributos propios y de las participaciones reconocidas en los del Estado y en los de las Comunidades Autónomas, de aquellos otros recursos que prevé la ley.

3. a) Con arreglo a la ley.

4. a) Sí, de carácter secundario.

5. c) Las respuestas anteriores son correctas.

6. d) Todas las respuestas son verdaderas.

7. d) Las respuestas a) y b) son correctas.

8. b) La utilización privativa o el aprovechamiento especial del dominio público local.

9. b) 90 por 100 del coste de la obra que el Municipio soporte.

10. c) Impuesto sobre el Incremento de Valor de los Terrenos de Naturaleza Urbana.

11. a) Que no podrán ser aplicadas a atenciones distintas de aquellas para las que fueron otorgadas, salvo, en su caso, los sobrantes no reintegrables cuya utilización no estuviese prevista en la concesión.

12. b) Al principio de prudencia financiera.

13. a) Sí, pudiendo instrumentarse a través de contratación de préstamos o créditos.

14. d) Por los Ayuntamientos con población de derecho no superior a 5.000 habitantes.

15. b) Órgano de la Entidad Local que haya dictado el acto administrativo impugnado.

TEST N.º 10

Los bienes de las entidades locales: concepto. Clases. Bienes de dominio público. Bienes patrimoniales

1. Según la Ley del Patrimonio de las Administraciones Públicas, el patrimonio de las Administraciones Públicas está constituido por:

a) El conjunto de bienes y derechos, cualquiera que sea su naturaleza y el título de su adquisición.
b) El dinero.
c) Los valores.
d) Los créditos y los demás recursos financieros de su hacienda.

2. Por razón del régimen jurídico al que están sujetos, los bienes y derechos que integran el patrimonio de las Administraciones Públicas pueden ser:

a) De dominio público o patrimoniales y de dominio privado.
b) De dominio público y de dominio privado o demaniales.
c) De dominio público y de dominio privado.
d) Demaniales y comunales.

3. Tienen la consideración de bienes comunales:

a) Aquellos cuyo aprovechamiento corresponda al común de los vecinos.
b) Aquellos cuyo aprovechamiento corresponda al común de los ciudadanos.
c) Aquellos cuyo aprovechamiento corresponda al común de los residentes.
d) Los destinados a un uso o servicio público.

4. Los bienes comunales solo podrán pertenecer:

a) Al municipio.
b) Al municipio y a las Entidades Locales Menores.

c) Al municipio y a la provincia.

d) Al patrimonio del Estado.

5. Según el artículo 132 de la Constitución Española, los bienes de dominio público:

a) Se inspiran en los principios de inalienabilidad, imprescriptibilidad e inembargabilidad.

b) Se encuentran inspirados en los principios de preferencia, dominio y generalidad.

c) Se ajustan a los principios de desafectación e inalienabilidad.

d) Se inspiran en los principios de no sujeción a tributo alguno e inembargabilidad.

6. De conformidad con el artículo 6 de la Ley del Patrimonio de las Administraciones Públicas no es un principio al que se ajusta la gestión y administración de los bienes y derechos demaniales:

a) Dedicación preferente al uso común frente a su uso privativo.

b) Simplicidad y máxima celeridad.

c) Identificación y control a través de inventarios o registros adecuados.

d) Cooperación y colaboración entre las Administraciones Públicas en el ejercicio de sus competencias sobre el dominio público.

7. Son bienes de uso público local:

a) Las aguas de fuentes y estanques.

b) Los puentes y demás obras públicas de aprovechamiento.

c) Las Casas Consistoriales.

d) Las respuestas a) y b) son correctas.

8. Son bienes de servicio público:

a) Los Palacios Provinciales.

b) Los destinados al cumplimiento de fines públicos de responsabilidad de las Entidades Locales.

c) Las plazas, calles, paseos.

d) Las respuestas a) y b) son correctas.

9. Las Administraciones Públicas no podrán adquirir bienes y derechos:

a) Por herencia, legado o donación.

b) Por prescripción.

c) Por usurpación.

d) Por atribución de la ley.

10. Cuando un Ayuntamiento adquiera un bien a título oneroso se exigirá:

a) Informe previo pericial y acuerdo de la Corporación si se trata de valores mobiliarios.

b) Informe previo del órgano estatal o autonómico competente si se trata de bienes de carácter histórico y artístico, y excedan del 1 por 100 de los recursos ordinarios del Presupuesto de la Corporación.

c) Autorización de la Comunidad Autónoma respectiva si se trata de bienes inmuebles.

d) Ninguna respuesta es correcta.

11. El uso común de los bienes de dominio público puede ser:

a) Uso normal si fuere conforme con el destino del dominio público.

b) Uso anormal si no fuere conforme con dicho destino.

c) Especial, que se da cuando concurren circunstancias singulares por la peligrosidad o intensidad del uso.

d) Uso privativo.

12. El uso privativo de un bien de dominio público implica:

a) La ocupación de la totalidad del dominio público de modo que limite o excluya la utilización de los demás interesados.

b) La ocupación perpetua de una parte del dominio público de modo que limite o excluya la utilización de los demás interesados.

c) La ocupación de una parte del dominio público de modo que limite o excluya la utilización de los demás interesados.

d) La ocupación de una parte del dominio público siempre que los demás puedan seguir utilizándolo.

13. ¿Se pueden enajenar los bienes de dominio público?

a) Sí.

b) Es necesario que, previamente, se desafecten del uso o servicio público mediante el oportuno expediente de alteración de su calificación jurídica.

c) Los bienes de dominio público son inalienables.

d) Las respuestas b) y c) son correctas.

14. La alteración de la calificación jurídica de los bienes de las Entidades Locales requiere expediente en el que se acrediten:

a) Su oportunidad.

b) Su legalidad.

c) Su oportunidad y legalidad.

d) La conveniencia de la alteración.

15. La alteración de la calificación jurídica de los bienes de las Entidades Locales se produce automáticamente en el siguiente supuesto:

a) Cuando la Entidad adquiera por usucapión, con arreglo al Derecho Administrativo, el dominio de una cosa.

b) Adscripción de bienes patrimoniales por más de treinta años a un uso o servicio público o comunal.

c) Aprobación definitiva de los Planes de Ordenación Urbana y de los Proyectos de obras y servicios.

d) Adscripción de bienes patrimoniales por más de cinco años a un uso o servicio público o comunal.

En MADTEST tienes **más preguntas de este tema**, y todos tus avances quedan registrados y se reflejan en el ranking.

¡Supera tus límites con MADTEST!

Solución al test n.º 10

1. a) El conjunto de bienes y derechos, cualquiera que sea su naturaleza y el título de su adquisición.

2. c) De dominio público y de dominio privado.

3. a) Aquellos cuyo aprovechamiento corresponda al común de los vecinos.

4. b) Al municipio y a las Entidades Locales Menores.

5. a) Se inspiran en los principios de inalienabilidad, imprescriptibilidad e inembargabilidad.

6. b) Simplicidad y máxima celeridad.

7. d) Las respuestas a) y b) son correctas.

8. d) Las respuestas a) y b) son correctas.

9. c) Por usurpación.

10. b) Informe previo del órgano estatal o autonómico competente si se trata de bienes de carácter histórico y artístico, y excedan del 1 por 100 de los recursos ordinarios del Presupuesto de la Corporación.

11. c) Especial, que se da cuando concurren circunstancias singulares por la peligrosidad o intensidad del uso.

12. c) La ocupación de una parte del dominio público de modo que limite o excluya la utilización de los demás interesados.

13. d) La respuesta b) y c) son correctas.

14. c) Su oportunidad y legalidad.

15. c) Aprobación definitiva de los Planes de Ordenación Urbana y de los Proyectos de obras y servicios.

TEST N.º 11

El interesado: concepto, representación, pluralidad de interesados y nuevos interesados en el procedimiento. Identificación y firma. Sistema de identificación de los interesados y sistemas de firma admitidos por las Administraciones Públicas; el uso de medios de identificación y firma, asistencia en el uso de medios electrónicos a los interesados. Derechos de las personas en sus relaciones con las AA.PP., derecho y obligación de relacionarse electrónicamente

1. ¿A qué capacidad se refiere el art. 3 de la Ley 39/2015, de 1 de diciembre, en relación con las personas físicas?

a) A la capacidad jurídica.
b) A la capacidad para ser titular de derechos subjetivos.
c) A la capacidad para ser titular de deberes jurídicos.
d) A la capacidad de obrar.

2. Los menores de edad, ¿tienen capacidad de obrar ante las Administraciones Públicas?

a) Sí, en todo caso, para el ejercicio y defensa de aquellos de sus derechos e intereses cuya actuación esté permitida por el ordenamiento jurídico sin la asistencia de la persona que ejerza la patria potestad, tutela o curatela.

b) No, en ningún caso; únicamente tendrán capacidad de obrar ante las Administraciones Públicas, las personas físicas mayores de edad no incapacitadas.

c) Sí, para el ejercicio y defensa de aquellos de sus derechos e intereses cuya actuación esté permitida por el ordenamiento jurídico sin la asistencia de la persona que ejerza la patria potestad, tutela o curatela, aunque sean menores incapacitados, siempre que la extensión de la incapacitación no afecte al ejercicio y defensa de los derechos o intereses de que se trate.

d) Sí, excepto los menores incapacitados.

3. Excepto el supuesto previsto por el artículo 3.b) de la Ley 39/2015, de 1 de octubre, los menores de edad no tienen capacidad de obrar ante las Administraciones Públicas, y necesitan de la asistencia de la persona que ejerza la patria potestad, tutela o curatela. En relación con la patria potestad, señala cuál de los siguientes enunciados es incorrecto:

a) La patria potestad, como responsabilidad parental, se ejercerá siempre en interés de los hijos, de acuerdo con su personalidad, y con respeto a sus derechos, su integridad física y mental.

b) El ejercicio de la patria potestad comprende representar a sus hijos y administrar sus bienes.

c) Los hijos emancipados están bajo la patria potestad de los progenitores.

d) Si los hijos tuvieren suficiente madurez deberán ser oídos siempre antes de adoptar decisiones que les afecten.

4. ¿Quiénes de los siguientes están sujetos a tutela?

a) Los menores emancipados que estén bajo la patria potestad.

b) Los menores no emancipados que no estén bajo la patria potestad.

c) Los menores emancipados que no estén bajo la patria potestad.

d) Los hijos no emancipados.

5. ¿Cuál de las siguientes características se vincula con la institución de la curatela del menor a que hace referencia el art. 3.b) de la Ley 39/2015, de 1 de octubre?

a) El curador no cuida de la persona sujeta a curatela, sino de su patrimonio.

b) La función del curador es la de complementar la capacidad del menor en todos aquellos actos o negocios jurídicos que no puede realizar por sí mismo.

c) El curador tiene cura de la persona sujeta a curatela, pero no de su patrimonio.

d) El curador tiene cura de la persona sujeta a curatela y de su patrimonio.

6. Los patrimonios independientes o autónomos, ¿tienen capacidad de obrar ante las Administraciones Públicas?

a) Sí.

b) No.

c) Siempre que la ley así lo declare expresamente.

d) Los patrimonios independientes o autónomos tienen reconocida capacidad jurídica ante las Administraciones Públicas en aplicación del artículo 3 de la Ley 39/2015, de 1 de octubre.

7. Tendrán capacidad de obrar ante las Administraciones Públicas las personas jurídicas que ostenten capacidad de obrar con arreglo a las normas civiles. ¿En qué momento adquirirán esta capacidad?

a) Desde el instante mismo en que, con arreglo a derecho, hubiesen quedado válidamente constituidas.

b) Las personas jurídicas adquirirán su capacidad de obrar en los mismos términos que las personas físicas.

c) En el momento en que finalice su personalidad.

d) Las personas jurídicas no tienen capacidad de obrar ante las Administraciones Públicas sino capacidad jurídica.

8. En aplicación del art. 3 de la Ley 39/2015, de 1 de octubre, NO tendrán capacidad de obrar ante las Administraciones Públicas:

a) Las personas físicas incapacitadas.

b) Las personas jurídicas que ostenten capacidad de obrar con arreglo a las normas civiles.

c) Los menores de edad para el ejercicio y defensa de aquellos de sus derechos e intereses cuya actuación esté permitida por el ordenamiento jurídico sin la asistencia de la persona que ejerza la patria potestad, tutela o curatela.

d) Las asociaciones de interés público reconocidas por la ley.

9. ¿Una persona declarada pródiga tiene capacidad de obrar plena ante las Administraciones Públicas?

a) Sí; las personas físicas tienen capacidad de obrar ante las Administraciones Públicas.

b) No; puede estar sujeta a tutela.

c) No; puede estar sujeta a curatela.

d) No; está sujeta a la patria potestad de sus progenitores.

10. La Ley 40/2015, de 1 de octubre, de régimen jurídico del sector público, ¿establece alguna regulación sobre la capacidad de obrar de los interesados ante las Administraciones Públicas?

a) Sí, en su artículo 3.

b) Sí, en tanto la Ley 40/2015, de 1 de octubre, tiene por objeto regular el procedimiento administrativo común a todas las Administraciones Públicas.

c) No, en tanto la Ley 40/2015, de 1 de octubre, únicamente tiene por objeto regular los principios a los que se ha de ajustar el ejercicio de la iniciativa legislativa y la potestad reglamentaria.

d) No.

11. Una persona que quiera participar en un proceso selectivo para cubrir plazas en una Administración Pública, ¿se considera interesada en el procedimiento administrativo?

a) Sí, en aplicación del artículo 4.1.a) de la Ley 39/2015, de 1 de octubre.

b) Sí, en aplicación del artículo 4.1.b) de la Ley 39/2015, de 1 de octubre.

c) Sí, en aplicación del artículo 4.1.c) de la Ley 39/2015, de 1 de octubre.

d) No, en tanto el procedimiento lo ha promovido la Administración y no la persona interesada.

12. En un procedimiento de expropiación forzosa, una persona reclama para sí la titularidad de una parcela que no está a su nombre; ¿tendrá la consideración de persona interesada en el procedimiento administrativo?

a) Sí, en aplicación del artículo 4.1.a) de la Ley 39/2015, de 1 de octubre.
b) Sí, en aplicación del artículo 4.1.b) de la Ley 39/2015, de 1 de octubre.
c) Sí, en aplicación del artículo 4.1.c) de la Ley 39/2015, de 1 de octubre.
d) No, en tanto el procedimiento lo ha promovido la Administración y no la persona interesada.

13. En un procedimiento de expropiación forzosa, el titular de un bien inmueble objeto de expropiación, ¿tendrá la consideración de interesado en el procedimiento administrativo?

a) Sí, en aplicación del artículo 4.1.a) de la Ley 39/2015, de 1 de octubre.
b) Sí, en aplicación del artículo 4.1.b) de la Ley 39/2015, de 1 de octubre.
c) Sí, en aplicación del artículo 4.1.c) de la Ley 39/2015, de 1 de octubre.
d) Sí, en aplicación del artículo 4.2 de la Ley 39/2015, de 1 de octubre.

14. ¿Qué interés se reconocería a los Colegios Profesionales para intervenir en el procedimiento de homologación de títulos obtenidos en el extranjero?

a) Interés legítimo individual de cada uno de los profesionales que integran los Colegios Profesionales.
b) Derechos subjetivos de los poseedores de los títulos que van a ser objeto de homologación.
c) Intereses legítimos colectivos.
d) Intereses sociales.

15. La titular de un establecimiento de restauración en Benidorm, quiere solicitar al Ayuntamiento una autorización para proceder a la ocupación de un espacio de uso público con mesas, sillas y sombrillas para su negocio. ¿Tendrá la consideración de interesada en el procedimiento administrativo de autorización?

a) Sí, en aplicación del artículo 4.1.a) de la Ley 39/2015, de 1 de octubre.
b) Sí, en aplicación del artículo 4.1.b) de la Ley 39/2015, de 1 de octubre.
c) Sí, en aplicación del artículo 4.1.c) de la Ley 39/2015, de 1 de octubre.
d) Sí, en aplicación del artículo 4.2 de la Ley 39/2015, de 1 de octubre.

En MADTEST tienes **más preguntas de este tema**, y todos tus avances quedan registrados y se reflejan en el ranking.

¡Supera tus límites con MADTEST!

Solución al test n.º 11

1. d) A la capacidad de obrar.

2. c) Sí, para el ejercicio y defensa de aquellos de sus derechos e intereses cuya actuación esté permitida por el ordenamiento jurídico sin la asistencia de la persona que ejerza la patria potestad, tutela o curatela, aunque sean menores incapacitados, siempre que la extensión de la incapacitación no afecte al ejercicio y defensa de los derechos o intereses de que se trate.

3. c) Los hijos emancipados están bajo la patria potestad de los progenitores.

4. b) Los menores no emancipados que no estén bajo la patria potestad.

5. b) La función del curador es la de complementar la capacidad del menor en todos aquellos actos o negocios jurídicos que no puede realizar por sí mismo.

6. c) Siempre que la ley así lo declare expresamente.

7. a) Desde el instante mismo en que, con arreglo a derecho, hubiesen quedado válidamente constituidas.

8. a) Las personas físicas incapacitadas.

9. c) No; puede estar sujeta a curatela.

10. d) No.

11. b) Sí, en aplicación del artículo 4.1.b) de la Ley 39/2015, de 1 de octubre.

12. c) Sí, en aplicación del artículo 4.1.c) de la Ley 39/2015, de 1 de octubre.

13. b) Sí, en aplicación del artículo 4.1.b) de la Ley 39/2015, de 1 de octubre.

14. c) Intereses legítimos colectivos.

15. a) Sí, en aplicación del artículo 4.1.a) de la Ley 39/2015, de 1 de octubre.

TEST N.º 12

El archivo. Concepto. Tipos de archivos. Organización del archivo. Normas de acceso a los archivos. El proceso de archivo. El archivo de los documentos administrativos

1. En el ámbito de las Administraciones Públicas, el concepto de archivo no se limita únicamente a un lugar físico de almacenamiento de documentos. Desde una perspectiva archivística moderna ¿cuál de las siguientes definiciones refleja exactamente el concepto?

a) Un sistema informático destinado al almacenamiento de documentos electrónicos.

b) Un espacio físico donde se conservan documentos con valor cultural.

c) Un conjunto de procedimientos y técnicas destinados a gestionar los documentos desde su creación hasta su conservación o eliminación.

d) Un registro administrativo destinado a controlar la entrada y salidas de documentos.

2. El derecho de acceso de los ciudadanos a los archivos y registros administrativos constituye una garantía fundamental para la transparencia de la actuación pública. Este derecho se reconoce expresamente en la Constitución Española y ha servido de base para el desarrollo de la legislación sobre transparencia y acceso a la información pública. ¿En qué precepto constitucional se establece esta previsión?

a) Artículo 103 de la Constitución Española.

b) Artículo 105.b) de la Constitución Española.

c) Artículo 149.1 de la Constitución Española.

d) Artículo 9.3 de la Constitución Española.

3. La normativa autonómica andaluza regula el sistema archivístico propio y el patrimonio documental de la Comunidad Autónoma. Esta norma establece principios de gestión documental y regula el acceso a los documentos públicos. ¿Qué norma regula el sistema archivístico en la Comunidad Autónoma de Andalucía?

a) Ley 5/2010 de autonomía local de Andalucía.

b) Ley 6/2006 de reforma del Estatuto de Autonomía.

c) Ley 7/2011, de Documentos, Archivos y Patrimonio Documental de Andalucía.
d) Ley 9/2007 de la Administración de la Junta de Andalucía.

4. El archivo puede entenderse en un doble sentido dentro de la organización administrativa. Por un lado, como conjunto documental y, por otro, como institución encargada de su gestión. ¿Cuál de las siguientes afirmaciones recoge correctamente esta doble concepción del archivo?

a) Como conjunto orgánico de documentos y como institución encargada de reunir, conservar, organizar y difundir dichos documentos.
b) Como sistema de gestión informática y como depósito de documentación histórica.
c) Como conjunto de expedientes administrativos y como sistema de registro.
d) Como unidad administrativa responsable de la contabilidad documental.

5. Los archivos desempeñan diversas funciones dentro de la Administración Pública. Entre ellas destacan la gestión administrativa, la seguridad jurídica y la preservación documental. ¿Cuál de las siguientes funciones corresponde a los archivos administrativos?

a) Establecer el control contable de los documentos administrativos.
b) Gestionar el registro general de entrada y salida de documentos.
c) Coordinar la actividad de los órganos administrativos.
d) Garantizar la seguridad jurídica mediante la conservación de documentos que acreditan derechos y obligaciones.

6. Tradicionalmente las funciones de los archivos se han sintetizado en tres grandes acciones. Estas funciones reflejan la finalidad principal de los sistemas archivísticos. ¿A qué tres acciones nos referimos?

a) Recibir, conservar y servir.
b) Registrar, tramitar y resolver.
c) Clasificar, digitalizar y destruir.
d) Custodiar, notificar y certificar.

7. Dentro del ciclo vital de los documentos, la fase activa se corresponde con el momento en que la documentación es utilizada habitualmente para la gestión administrativa. Durante esta etapa los documentos permanecen en una unidad concreta. ¿Cómo se denomina este archivo?

a) Archivo histórico.
b) Archivo intermedio.
c) Archivo de oficina o archivo de gestión.
d) Archivo general del Estado.

8. El archivo de oficina o de gestión se caracteriza por su proximidad a la actividad administrativa diaria. Su ubicación permite que los documentos puedan ser consultados con rapidez por la unidad administrativa responsable de la tramitación. ¿Dónde suele ubicarse dentro de la organización administrativa?

a) En la unidad administrativa que tramita los procedimientos.
b) En los depósitos documentales del archivo histórico.
c) En los servicios centrales del sistema archivístico.
d) En el sistema estatal de archivos.

9. El archivo central recibe la documentación transferida desde las unidades administrativas una vez finalizados los procedimientos. ¿Cuál es la función principal del archivo central?

a) Gestionar la documentación histórica.
b) Custodiar y organizar los documentos procedentes de las distintas unidades administrativas.
c) Coordinar el registro administrativo.
d) Elaborar instrumentos de descripción archivística.

10. Los archivos intermedios cumplen una función específica dentro del ciclo vital de los documentos administrativos. ¿Qué tipo de documentos se conservan en estos archivos?

a) Documentos en tramitación administrativa.
b) Documentos vinculados al registro administrativo.
c) Documentos con valor histórico permanente.
d) Documentos que deben conservarse durante determinados plazos por razones legales o administrativas.

11. Los archivos históricos tienen una finalidad distinta a la de los archivos administrativos activos. En ellos se conservan documentos que han perdido su utilidad administrativa directa, pero mantienen un valor relevante para la memoria institucional. ¿Cuál es la finalidad principal del archivo histórico dentro del sistema archivístico?

a) Facilitar la gestión administrativa de los procedimientos en tramitación.
b) Coordinar el funcionamiento de los archivos de gestión de la organización.
c) Garantizar la conservación permanente de documentos con valor histórico, cultural o informativo.
d) Gestionar la documentación utilizada en la actividad administrativa diaria.

12. La organización del archivo constituye una actividad fundamental dentro de la gestión documental. ¿Qué objetivo persigue la organización del archivo en las Administraciones Públicas?

a) Sustituir la función de los registros administrativos.
b) Garantizar la correcta conservación y facilitar la localización de los documentos.
c) Reducir el número de documentos existentes.
d) Transformar los documentos en formato digital.

13. Uno de los principios archivísticos fundamentales es el principio de procedencia. ¿Qué establece el principio de procedencia en archivística?

a) Los documentos producidos por una misma entidad deben conservarse agrupados sin mezclarse con otros fondos.
b) Los documentos deben clasificarse por orden cronológico.
c) Los documentos deben organizarse por materias.
d) Los documentos deben conservarse únicamente en formato digital.

14. La clasificación documental constituye una operación básica dentro de la organización archivística y estructura los documentos de manera lógica. ¿En qué consiste este tipo de clasificación?

a) Consiste en ordenar documentos alfabéticamente.
b) Consiste en digitalizar documentos administrativos.
c) Consiste en dividir la documentación en grupos o clases jerarquizadas.
d) Consiste en eliminar documentos innecesarios.

15. En archivística administrativa la clasificación documental se estructura en distintos niveles entre los que se encuentran diferentes categorías documentales. Estas categorías reflejan la estructura organizativa y funcional de la institución. ¿Cuáles son los niveles habituales de clasificación documental?

a) Registro, expediente y documento.
b) Índices, catálogos y registros.
c) Procedimientos, registros y resoluciones.
d) Fondos, secciones, subsecciones y series documentales.

En MADTEST tienes **más preguntas de este tema**, y todos tus avances quedan registrados y se reflejan en el ranking.

¡Supera tus límites con MADTEST!

Solución al test n.º 12

1. c) Un conjunto de procedimientos y técnicas destinados a gestionar los documentos desde su creación hasta su conservación o eliminación.

2. b) Artículo 105.b) de la Constitución Española.

3. c) Ley 7/2011, de Documentos, Archivos y Patrimonio Documental de Andalucía.

4. a) Como conjunto orgánico de documentos y como institución encargada de reunir, conservar, organizar y difundir dichos documentos.

5. d) Garantizar la seguridad jurídica mediante la conservación de documentos que acreditan derechos y obligaciones.

6. a) Recibir, conservar y servir.

7. c) Archivo de oficina o archivo de gestión.

8. a) En la unidad administrativa que tramita los procedimientos.

9. b) Custodiar y organizar los documentos procedentes de las distintas unidades administrativas.

10. d) Documentos que deben conservarse durante determinados plazos por razones legales o administrativas.

11. c) Garantizar la conservación permanente de documentos con valor histórico, cultural o informativo.

12. b) Garantizar la correcta conservación y facilitar la localización de los documentos.

13. a) Los documentos producidos por una misma entidad deben conservarse agrupados sin mezclarse con otros fondos.

14. c) Consiste en dividir la documentación en grupos o clases jerarquizadas.

15. d) Fondos, secciones, subsecciones y series documentales.

TEST N.º 13

La protección de datos personales y garantía de los derechos digitales. Regulación legal. Principios de protección de datos. Derechos de las personas. Disposiciones aplicables a tratamientos concretos. Responsable y encargado del tratamiento. Garantía de los derechos digitales

1. El artículo 18.1 de la Constitución Española garantiza el derecho al honor, a la intimidad personal y familiar y a:

a) La protección de datos de carácter personal.
b) La confidencialidad.
c) La propia imagen.
d) El secreto profesional.

2. El RGPD señala al determinar cuál es su objeto, que la libre circulación de los datos personales en la Unión:

a) Podrá ser restringida y prohibida por motivos relacionados con la protección de las personas físicas en lo que respecta al tratamiento de datos personales.
b) Podrá ser restringida, pero no prohibida, por motivos relacionados con la protección de las personas físicas en lo que respecta al tratamiento de datos personales.
c) No podrá ser restringida ni prohibida por motivos relacionados con la protección de las personas físicas en lo que respecta al tratamiento de datos personales.
d) No podrá ser restringida, pero sí prohibida, por motivos relacionados con la protección de las personas físicas en lo que respecta al tratamiento de datos personales.

3. En virtud de qué principio previsto por el Reglamento General de Protección de Datos, los datos personales serán adecuados, pertinentes y limitados a lo necesario en relación con los fines para los que son tratados:

a) Principio de exactitud.
b) Principio de limitación de la finalidad.
c) Principio de responsabilidad proactiva.
d) Principio de minimización de datos.

4. En relación al consentimiento, el Reglamento General de Protección de Datos dispone que:

a) El consentimiento puede deducirse del silencio o de la inacción de los ciudadanos.
b) Se permite el llamado consentimiento tácito.
c) No es admisible el consentimiento del interesado dado en el contexto de una declaración escrita que también se refiera a otros asuntos.
d) Quienes recopilen datos personales deben ser capaces de demostrar que el afectado les otorgó su consentimiento.

5. Según el artículo 5 del Reglamento (UE) 2016/679, de 27 de abril, relativo a la protección de las personas físicas en lo que respecta al tratamiento de datos personales y a la libre circulación de estos datos, los datos personales serán tratados, en relación con el interesado, de manera lícita, leal y:

a) Fiable.
b) Segura.
c) Confidencial.
d) Transparente.

6. Según el Reglamento (UE) 2016/679, de 27 de abril, relativo a la protección de las personas físicas en lo que respecta al tratamiento de datos personales y a la libre circulación de estos datos, para poder considerar que el consentimiento del interesado para el tratamiento de sus datos personales es inequívoco:

a) Se requerirá declaración jurada del interesado donde manifieste su conformidad.
b) Se precisa contrato de cesión de datos personales.
c) Deberá existir una declaración del interesado o una acción positiva que manifieste su conformidad.
d) Bastará con el consentimiento por silencio, casillas ya marcadas o inacción.

7. En relación al consentimiento del interesado al tratamiento de datos de carácter personal, es cierto que:

a) En ningún caso se puede obligar a nadie a facilitar sus datos.
b) El consentimiento ha de ser previo a la información sobre el tratamiento.
c) Si se puede consentir libremente, del mismo modo, se puede retirar el consentimiento.
d) La solicitud del consentimiento deberá ir referida a todos los tratamientos que se puedan dar en un plazo determinado.

8. Es correcto, conforme a la disposición adicional 3ª de la LO 3/2018, que:

a) Cuando los plazos se señalen por días, se entiende que estos son naturales.
b) Si el plazo se fija en semanas, concluirá el día anterior al día de la semana en que se produjo el hecho que determina su iniciación en la semana de vencimiento.

c) Si el plazo se fija en años, concluirá el mismo día en que se produjo el hecho que determina su iniciación en el año de vencimiento.

d) Cuando el último día del plazo sea inhábil, se entenderá adelantado al último día hábil anterior.

9. El RGPD considera "destinatario":

a) A la persona física o jurídica, autoridad pública, servicio u otro organismo al que se comuniquen datos personales, siempre que se trate de un tercero.

b) A la persona física o jurídica, autoridad pública, servicio u otro organismo al que se comuniquen datos personales, se trate o no de un tercero.

c) A la autoridad pública que pueda recibir datos personales en el marco de una investigación concreta de conformidad con el Derecho de la Unión o de los Estados miembros.

d) A la persona física o jurídica, autoridad pública, servicio u organismo distinto del interesado, del responsable del tratamiento, del encargado del tratamiento y de las personas autorizadas para tratar los datos personales bajo la autoridad directa del responsable o del encargado.

10. El RGPD denomina a la autoridad pública independiente establecida por un Estado miembro:

a) Agencia Nacional de Protección de Datos.

b) Representante.

c) Autoridad de control.

d) Autoridad de referencia.

11. Cómo denomina el RGPD el tratamiento de datos personales de manera tal que ya no puedan atribuirse a un interesado sin utilizar información adicional, siempre que dicha información adicional figure por separado y esté sujeta a medidas técnicas y organizativas destinadas a garantizar que los datos personales no se atribuyan a una persona física identificada o identificable:

a) Seudonimización.

b) Anonimización.

c) Generalización.

d) Encriptación.

12. El RGPD lo define como la persona física o jurídica, autoridad pública, servicio u otro organismo que trate datos personales por cuenta del responsable del tratamiento:

a) El Delegado.

b) El Encargado.

c) El Representante.

d) El Tratante.

13. Conforme al artículo 3 de la LO 3/2018, las personas vinculadas al fallecido por razones familiares o de hecho así como sus herederos:

a) No podrán dirigirse al responsable o encargado del tratamiento para solicitar el acceso a los datos personales de aquella, si no es por vía judicial.

b) Sólo podrán dirigirse al encargado del tratamiento, siempre que sea con objeto de rectificar datos manifiestamente falsos.

c) Podrán dirigirse al responsable o encargado del tratamiento siempre que sea con objeto de solicitar la supresión de los datos personales de aquella sin posibilidad de acceder a ellos.

d) Podrán dirigirse al responsable o encargado del tratamiento al objeto de solicitar el acceso a los datos personales de aquella y, en su caso, su rectificación o supresión.

14. Según el artículo 3 de la LO 3/2018, los requisitos y condiciones para acreditar la validez y vigencia de los mandatos e instrucciones de las personas fallecidas respecto al acceso a los datos personales de éstas por parte de las personas o instituciones que designaran expresamente, serán establecidos:

a) Por medio de una Directiva europea.
b) Por Ley estatal.
c) Por Ley autonómica.
d) Por Real Decreto.

15. El artículo 4 de la LO 3/2018 señala que, conforme al artículo 5.1.d) del Reglamento (UE) 2016/679, los datos serán exactos y, si fuere necesario:

a) Actualizados.
b) Aproximados.
c) Normalizados.
d) Digitalizados.

En MADTEST tienes **más preguntas de este tema**, y todos tus avances quedan registrados y se reflejan en el ranking.

¡Supera tus límites con MADTEST!

Solución al test n.º 13

1. c) La propia imagen.

2. c) No podrá ser restringida ni prohibida por motivos relacionados con la protección de las personas físicas en lo que respecta al tratamiento de datos personales.

3. d) Principio de minimización de datos.

4. d) Quienes recopilen datos personales deben ser capaces de demostrar que el afectado les otorgó su consentimiento.

5. d) Transparente.

6. c) Deberá existir una declaración del interesado o una acción positiva que manifieste su conformidad.

7. c) Si se puede consentir libremente, del mismo modo, se puede retirar el consentimiento.

8. c) Si el plazo se fija en años, concluirá el mismo día en que se produjo el hecho que determina su iniciación en el año de vencimiento.

9. b) A la persona física o jurídica, autoridad pública, servicio u otro organismo al que se comuniquen datos personales, se trate o no de un tercero.

10. c) Autoridad de control.

11. a) Seudonimización.

12. b) El Encargado.

13. d) Podrán dirigirse al responsable o encargado del tratamiento al objeto de solicitar el acceso a los datos personales de aquella y, en su caso, su rectificación o supresión.

14. d) Por Real Decreto.

15. a) Actualizados.

TEST N.º 14

Sistemas ofimáticos. Procesadores de Texto. Hojas de cálculo: principales funciones y utilidades. Libros, hojas y celdas. Otras aplicaciones ofimáticas. Redes de comunicaciones e internet. El correo electrónico: conceptos elementales y funcionamiento

1. Internet es una red:

a) Segura.
b) Libre, anónima y segura.
c) Libre, anónima e insegura.
d) Propietaria, anónima y segura.

2. ¿Dónde se guardan las direcciones que ha visitado recientemente?

a) Favoritos.
b) Historial.
c) Página de inicio.
d) Ninguna de las respuestas anteriores son correctas.

3. Si una página empieza por https://, ¿qué tipo de página es?

a) No segura.
b) Página del Gobierno.
c) Es segura.
d) Se pueden descargar los archivos más rápido.

4. ¿Qué es el Sitemap?

a) Una página web.
b) Indica la estructura de una página web.
c) Es un siteweb.
d) Indica la estructura de un siteweb.

5. Una dirección IP está formada:

a) Por 3 grupos de números.
b) Por 4 grupos de números.
c) Por 4 grupos de números menores a 500.
d) Por 4 grupos de números menores a 255.

6. Para conectarse a Internet necesita:

a) Sólo un ordenador.
b) Sólo una conexión, un módem.
c) Una conexión, un módem, un proveedor de acceso a Internet y un navegador.
d) Ninguna de las respuestas anteriores son correctas.

7. ¿Dónde debe escribir la IP de la web a visitar?

a) En la barra de título.
b) En la barra de estado.
c) En el buscador.
d) En la barra de direcciones.

8. ¿En qué menú puede abrir una nueva pestaña?

a) Archivo.
b) Editar.
c) Herramientas.
d) Historial.

9. ¿En qué menú puede buscar un texto en una página?

a) Archivo.
b) Editar.
c) Herramientas.
d) Historial.

10. ¿En qué menú puede abrir las descargas?

a) Archivo.
b) Editar.
c) Herramientas.
d) Historial.

11. ¿En qué menú puede abrir las páginas favoritas?

a) Archivo.
b) Editar.

c) Favoritos.
d) Marcadores.

12. Para buscar palabras exactas en el mismo orden, el texto de búsqueda tiene que estar entre:

a) * *.
b) ( ).
c) " ".
d) No hace falta nada.

13. La memoria intermedia en la que el navegador guarda sus accesos más recientes es:

a) La caché.
b) Las cookies.
c) El historial.
d) Todas las respuestas anteriores son correctas.

14. Los datos que las páginas web guardan en el navegador del cliente que accede a ellas para facilitar posteriores accesos a dicha página es/son:

a) La caché.
b) Las cookies.
c) El historial.
d) Todas las respuestas anteriores son correctas.

15. El Firefox puede guardar sus contraseñas:

a) Siempre.
b) Sólo si se configura para que las guarde.
c) Nunca.
d) Sólo en páginas seguras.

En MADTEST tienes **más preguntas de este tema**, y todos tus avances quedan registrados y se reflejan en el ranking.

¡Supera tus límites con MADTEST!

Solución al test n.º 14

1. c) Libre, anónima e insegura.

2. b) Historial.

3. c) Es segura.

4. d) Indica la estructura de un siteweb.

5. d) Por 4 grupos de números menores a 255.

6. c) Una conexión, un módem, un proveedor de acceso a Internet y un navegador.

7. d) En la barra de direcciones.

8. a) Archivo.

9. b) Editar.

10. c) Herramientas.

11. d) Marcadores.

12. c) " ".

13. a) La caché.

14. b) Las cookies.

15. b) Sólo si se configura para que las guarde.

Cómo acceder al Curso

Auxiliar Administrativo/a
Test del temario

El uso de los códigos **es exclusivo de los compradores de los productos de Editorial MAD**. Cada producto posee un código único y de un solo uso. Es personal e intransferible y da acceso a servicios y contenidos adicionales. Editorial MAD se reserva el derecho de hacer cuantas comprobaciones sean necesarias para identificar al legítimo poseedor del código y dejar de dar servicio a quien haga uso fraudulento del mismo, además de emprender cuantas acciones legales estime oportunas según la legislación vigente.

Deberás acceder a:

mad.es/registro-campus

Si una vez aceptadas las condiciones de uso del Campus decides hacer uso del mismo, necesitarás del siguiente código de acceso junto con los códigos del resto de títulos que se exigen (si fuera el caso):

794BPXQJHD